어린이 중국어

자장면 1

교사용 지도서

로우 시우롱 (娄秀荣) · 나민구
이종민 · 김인용 · 나여훈 지음

용의 나라 중국, 중국어는 세계에서 가장 많은 사람들이 사용하고 있는 언어입니다. 많은 사람들이 중국을 이야기할 때 '잠자는 용에서 깨어나는 용'이라는 말을 하고 있습니다. 이 말은 지금 중국이 세계의 강대국으로 떠오르고 있다는 뜻입니다.

중국은 광대한 영토와 헤아릴 수 없이 많은 인구, 5000년의 역사를 통해 이루어 온 문화의 힘을 바탕으로 매년 높은 경제성장을 거듭하고 있어 깨어나는 용에서 비상을 준비하는 한 마리 용으로 우리 곁에 다가와 있습니다. 중국은 역사적으로 지리적으로 우리나라와 인접해 있으면서 많은 교류를 해 왔고 앞으로 더 많은 교류와 발전을 해 나갈 것입니다.

최근 우리 문화는 닫혀있던 중국 사회, 중국 젊은이들에게 전파되면서 한류라는 문화현상을 만들어 내었고 이로써 우리는 더욱더 중국과 가까워졌습니다. 중국은 우리에게 기회의 땅이 되고 있습니다. 한류 열풍이 한국제품 구매로 이어지면서 중국은 우리의 최대 무역국이 되었습니다. 무한한 가능성의 나라 중국에 세계의 자본이 몰려들고 있습니다. 세계는 무한경쟁의 시대로 돌입하였고 거대 시장 중국은 초강대국 미국에 이어 그 영향력을 확대해 가고 있습니다. 세계무대에서 경쟁력을 가지고 앞서가기 위해서는 외국어능력이 필수적이고 외국어 가운데 중국어능력이야말로 가장 큰 경쟁력이 될 것입니다.

이 책은 우리 어린이들이 미래의 주역으로서 강력한 경쟁력을 갖출 수 있도록 하기 위해 연구되고 만들어진 책입니다. 《어린이 중국어 자장면》이 책을 잡는 순간 우리 어린이들은 자장면의 잊을 수 없는 맛에 빠지듯 중국어를 맛있게 배우게 될 것입니다.

자장면을 먹듯 단계별로 「무슨 맛일까?」에서는 상상을 통해 학습할 내용을 기대하게 되고 「맛보기」에서는 본문 학습을, 「비비기」에서는 발음을 공부하고 「곱빼기」에서는 게임을 통해 학습한 내용을 다지며 「리듬젓가락」에서는 챈트를 통해 학습하며, 「꺼억 맛있다」에서는 그림을 통해 본문에 나왔던 단어를 확실히 다지며 「디저트」에서는 재미있는 중국 문화를 통해 학습동기를 유발하도록 되어 있습니다. 또한 워크북을 통해 어린이 스스로가 학습과 관련된 작업이나 활동을 하면서 재미있게 중국어를 장악하도록 설계되었습니다. 역동적인 수업을 이끌기 위해 지도교사에게는 지도상의 유의점과 지도 방법, 어린이들에게 보충 설명할 자료를 충실히 실어줌으로써 중국어 초보 선생님도 자신있게 지도할 수 있도록 구성하였습니다. 부록으로 제공되는 플래쉬 자료는 한편의 동화를 만화로 감상하듯 편하게 공부 할 수 있도록 하였습니다.

초등 외국어교육 전문가와 중국어교육 전문가, 중국인 원어민 교수님 등 집필진과 연구진이 오랜 시간 연구 끝에, 최고의 요리사가 최고의 자장면을 만들어내듯 준비한 이 책을 우리 어린이들에게 바칩니다

저자 일동

第一课 你好! 안녕하세요!

학습목표 1. 친구들과 중국어로 인사를 할 수 있다.
　　　　　　2. 선생님께 중국어로 인사 할 수 있다.

✔ 중심 표현과 단어

중심 표현 你好! 老师好!　　　　　　주요 단어 你, 老师, 你们, 好

✔ Daily Routin

老师	你们好!
学生	您好!
老师	今天天气很好。 今天几月几号? 今天是○月△号。

Review

1. 교사가 중국어로 자기소개를 해 본다. [교사의 유창한 중국어 실력은 동기 유발의 큰 원동력이 된다.]
2. 중국이 중국어로 뭘까? 자유롭게 대답하게 한다. 성조와 함께 답을 알려 준다.
3. 흔히 알고 있는 중국어를 학생들이 얘기할 수 있도록 한다.
   [띵하오, 쎄쎄 등을 학생들이 하면, 정확한 발음을 알려 주어 중국어에 대한 느낌을 심어 준다.]

 **무슨 맛일까 (闻一闻)**

-자유롭게 이야기 할 수 있는 분위기 조성-

• 闻一闻. : (냄새 맡는 시늉을 하며) 냄새를 맡아볼까요?
• 今天要学什么内容? : 오늘은 무슨 내용을 배울 것 같죠?
• 看看图画。 : 그림을 보세요.
• 图画里有谁? : 그림에 누가 있나요?
• 他们在说什么? : 무슨 이야기를 나누고 있을까요?

-자유로운 학생들의 반응을 유도한다-

오늘은 재미있는 중국어 수업 첫시간! 인사말을 중국어로 배워 보기로 합니다.

맛보기 (尝一尝)

(1) 화면을 보여 준다. (플래시 화면)

▶ '书上有什么人?' 책에 누가 있나요?
: 老师, 一个男孩儿, 一个女孩儿 [학생들이 한국어로 이야기하면 교사가 중국어로 다시 말해 준다.]
맞아요. 이 남자 친구와 여자 친구의 이름은 뭘까요? 궁금하죠? 조금만 참으세요. 2과에서 배운답니다.

▶ '他们做什么?' 그럼 그들은 무엇을 하고 있나요?
그렇죠. 아마 만나서 인사를 나누나 봅니다.

▶ 뭐라고 인사했는지 말해 볼까요?
'你好'라고 했었죠. 그럼 뭐라고 대답했는지 기억나세요? 역시 '你好'라고 대답했었군요. 똑똑해요~ '很聪明。'

▶ 그럼 두 친구가 선생님께는 뭐라고 인사했을까요?
'老师好。' 그렇죠!
선생님은 뭐라고 대답했는지 대답해 볼까요? 이건 모르겠다구요? 그럼 다시 한번 플래시를 볼까요?

6

-대화 내용을 다시 한번 들려준다-

▶이제 아시겠죠?　你们好~!

잘했어요.
* 플래시에서 한 사람의 대화만 들려주고, 따라 읽기를 해 본다.
* 익숙해지면, 묵음기능을 사용해서 학생들이 그림을 보고 대화를 만들어 보게 한다.
* 연습이 끝나면 단어 및 어법 설명을 한다.

(2) 단어와 어법 설명

▶내용을 살펴보겠습니다.
'你'는 '너'죠. '好'는 '좋다'라는 의미입니다.
'你好'는 '안녕'이라는 인사말입니다. 가장 많이 쓰이는 말이죠. '老师'은 선생님입니다.
그럼 '선생님 안녕하세요'는 뭐였죠? 그렇죠. '老师好'입니다.

▶응용해 봅니다. 아빠는 '爸爸'예요. 그럼 '아빠 안녕하세요'는요? '爸爸好'입니다.
'们'은 여러 명의 사람, 즉 '복수'형을 표시하는 단어예요. 너가 '你'라면 너희들은? '你们。'
그럼 선생님들은? '老师们!' 참 잘했어요.
우리 친구들 한번 생각해 보세요. 방금 배운 인사말들은 어떤 공통점이 있을까요? 그렇죠!
[사람+好] 하면 일반적으로 인사말이 되는군요.

(3) 역할놀이

이제부터 '역할놀이'를 해 볼까요? 조별로 혹은 분단별로 '동동','쟈쟈','선생님'의 역할을 정합
니다.
• 동동과 쟈쟈, 서로 인사하세요.　　　　你好!　　　你好!
• 동동과 선생님, 서로 인사하세요.　　　老师好!　　　你好!
• 동동 쟈쟈, 함께 선생님께 인사하세요.　老师好!　　　你们好!
• 참 잘했어요. 이때, 어른께 하는 인사말로 '你'의 높임말인 '您'을 사용해서 '您好'라고
　할 수도 있어요.

 비비기 (拌一拌)

■ 발음 요령

a 입을 크게 벌리고, '아'라고 발음한다.
[입은 크게 벌리고, 혀의 위치는 아래쪽, 입 모양이 둥글지 않다.]

o 입을 중간 정도로 벌리고, '오'와 '어'의 중간쯤을 발음한다.
[혀 위치는 중간 높이, 약간 뒤쪽, 입 모양은 둥글게 유지한다.]

e 입을 중간 정도 벌리고, '(으)어'라고 발음한다.
[혀 위치는 중간 높이, 약간 뒤쪽, 입 모양은 둥글지 않다. 즉, 'o'의 발음과 동일하나, 입 모양만 둥글지 않다.]

■ 교사를 위한 발음지도 tip

① 기본 발음은 제1성으로 연습한다. 제1성의 발음을 정확히 잡으면 나머지 2,3,4성의 높이를 잡기가 쉬워진다.

② 아이들에게 개인별로 거울을 준비시키고, 스스로의 입 모양과 혀의 위치를 확인하도록 하면, 재미도 있을 뿐 아니라, 정확한 발음교정에도 큰 도움이 된다.

③ 이야기를 만들어 가며 가르쳐 준다. 즉, '엄마, 나 배 고파요.'라는 문장이 만들어 진다.
妈妈,我饿。

④ 1, 2, 3, 4성의 교수법은 지도서 제3과를 참조.

■ 참고 단어

a 阿姨 āyí 이모　　　　辣 là 맵다

e 喝 hē 마시다　　　　哥哥 gēge 형, 오빠
　　热 rè 덥다

o 菠菜 bōcài 시금치　　伯伯 bóbo 큰아버지
　　婆婆 pópo 시어머니

곱빼기 (再来一点)

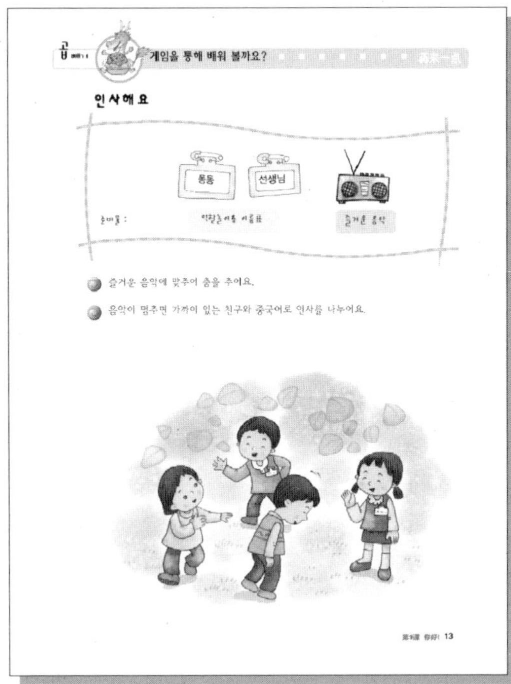

인사해요

1. 활동 목표

 가벼운 음악에 맞추어 분위기를 부드럽게
 만들어 자연스럽게 인사말 연습을 할 수
 있도록 해 주기 위함이다.

2. 준비물

 이름표를 달아줄 수 있는 명찰,
 흥겨운 음악

3. 사용 언어

 你好!　　老师好!
 您好!　　你们好!
 再见!

4. 활동 방법

① 음악에 맞추어 돌아다니다가 선생님이 음악을 멈추면 가까이에 있는 친구와 인사말을 나눈다.

② 계속 다른 친구와 인사를 하도록 안내해 준다.

  • 즐거운 음악에 맞추어 춤을 추어요.
  • 음악이 멈추면 가까이 있는 친구와 중국어로 인사를 나누어요.
  • 학생이 선생님을 만나면 어떤 말로 인사할까요?
  • 학생과 학생이 서로 만나면 어떻게 인사할까요?
  • 선생님과 선생님이 만나면 어떻게 인사할까요?

■ 적용 가능한 다른 활동들

공던지기 게임

① 가벼운 고무공이나 천으로 된 공을 준비한다.

② 공을 던지면서 친구에게 인사한다.

③ 공을 받은 친구는 같이 인사하고, 다른 친구에게 공을 던지면서 다시 인사한다.

리듬젓가락 (节奏筷子)

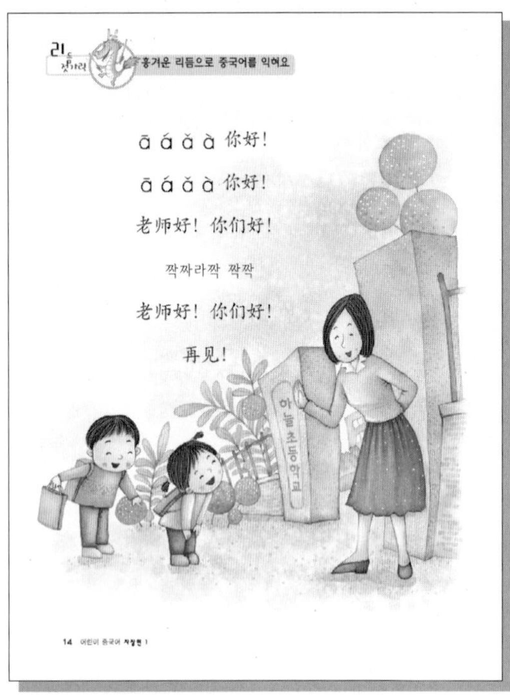

■ **리듬젓가락 내용 해석**

ā á ǎ à 안녕!
ā á ǎ à 안녕!
선생님 안녕하세요! 너희들도 안녕!
짝짜라짝 짝짝
선생님 안녕하세요! 너희들도 안녕!
또 만나요!

■ **리듬젓가락 지도하기**

① 먼저 음악을 들려준다.
② 들린 가사(말)를 말해 보도록 한다.
③ 다시 들어 볼까요?
④ 처음에 나오는 'a'발음을 해 보도록 한다.
 • 설명을 하지 않고, 그냥 정확하게 따라하도록 지도한다.

■ **해 볼 만한 지도법**

① 지휘하기
'ā á ǎ à'부분을 노래할 때 검지 손가락을 높이 들어올려 음의 높이에 따라 손가락을 움직여 보도록 한다. 노래 부분도 같이 해 본다.
② 역할 나누어 부르기
선생님과 학생으로 역할을 나누어 불러 본다. 역할을 바꾸어 부른다.

꺼억~ 맛있다

1. 재미있는 그림 단어

■ 인사말을 공부해요

- 你好 nǐ hǎo 안녕(만났을 때)
- 老师好 lǎoshī hǎo 선생님 안녕하세요.
- 再见 zàijiàn 안녕(헤어질 때)

■ 기타 시간별 인사 / 보충 학습

- 아침 인사
  早 zǎo / 早上好 zǎoshang hǎo
- 저녁 인사
  晚上好 wǎnshang hǎo
- 잠잘 때
  晚安 wǎn'ān
- 헤어질 때
  再见 zàijiàn

note

수업을 더 재미있게 만드는 나만의 노하우

 디저트(甜点心)와 교사를 위한 문화 지식

디저트 / 중국에 대하여 알아볼까요?

중국의 정식 국가 명칭은 '중화인민공화국'입니다. 우리나라 서쪽의 커다란 나라로 넓이가 남한의 약 96배로 9,596,900㎢나 됩니다. 수도는 동쪽의 베이징(北京)이고 큰 도시로는 경제의 중심지 상하이(上海)와 텐진(天津), 충칭(重庆)이 있습니다.

국기는 붉은색 바탕에 다섯 개의 별을 그린 '오성홍기'입니다. 국기의 그림 가운데 큰 별은 중국 공산당을 상징하고 나머지 4개의 작은 별은 국민을 나타냅니다. 중국 사람들은 전통적으로 빨간색을 좋아하는데 빨간색이 잡귀를 몰아내고 복을 가져다 준다고 믿지요. 별의 노란색은 황인종을 가리킨다고 하네요.

그러면 중국의 인구는 얼마나 될까요? 공식 인구가 13억 정도이지만 정확한 인구 통계가 어려워 어떤 학자는 실제 인구가 15억, 16억이라고 하며 심지어 20억이 넘는다고 하는 사람도 있습니다. 어마어마한 땅덩어리에 도대체 얼마나 많은 인구가 살고 있는지 알 수 없는 것 같아요. 중국은 우리와 달리 한족과 55개의 소수민족이 어울려 살아가는 다민족 국가입니다. 땅이 넓다보니 지하에는 무수히 많은 지하자원이 매장되어 있는데 중국은 아직 적극적으로 개발하고 있지 않습니다. 역시 만만디(천천히)의 나라이고 큰 나라입니다.

문화지식 / 중국 개관

■중국 개관

(1) 정식 국가 명칭 : 중화인민공화국(中华人民共和国 Zhōnghuá Rénmín Gònghéguó)

(2) 국기 : 오성홍기(五星红旗 Wǔxīng Hóngqí)

1개의 큰 별은 중국 공산당을 상징하고, 4개의 작은 별은 노동자, 농민, 도시 소자산 계급, 민족 자산 계급을 상징한다. 중국 국기는 공산당을 중심으로 한 전체 인민의 단결을 상징한다.

(3) 민족 : 전체인구의 약 91.6 %를 차지하는 한족(汉族)과 55개의 소수민족이 있다.

(4) 면적 : 9,596,900㎢로 한반도의 약 43배, 남한의 약 96배의 면적이다. 동쪽의 북경과 서쪽 우루무치의 시차는 2시간이며 북경에서 우루무치까지 기차로 48시간이 걸린다. 워낙 땅이 넓다 보니 국경을 마주하고 있는 이웃 국가만도 14개나 된다.(북한, 러시아, 몽골, 카자흐스탄, 키르기스탄, 타지키스탄, 아프가니스탄, 파키스탄, 인도, 네팔, 부탄, 베트남, 라오스, 미얀마)

(5) 행정구역

① 4개의 직할시 : 북경(北京), 상해(上海), 천진(天津), 중경(重庆)

② 5개의 자치구 : 티베트 자치구(西藏自治区), 신강 위구르 자치구(新疆维吾尔自治区),
　　　　　　　　내몽고 자치구(内蒙古自治区), 영하 회족 자치구(宁夏回族自治区),
　　　　　　　　광서 장족 자치구(广西壮族自治区)

③ 23개 省(대만을 23번째 성으로 간주)

성(省)	성의 수도	성(省)	성의 수도
하북성(河北省)	석가장(石家庄)	산서성(山西省)	태원(太原)
요령성(辽宁省)	심양(沈阳)	길림성(吉林省)	장춘(长春)
흑룡강성(黑龙江省)	하얼삔(哈尔滨)	강소성(江苏省)	남경(南京)
절강성(浙江省)	항주(杭州)	안휘성(安徽省)	합비(合肥)
복건성(福建省)	복주(福州)	강서성(江西省)	남창(南昌)
산동성(山东省)	제남(济南)	하남성(河南省)	정주(郑州)
호북성(湖北省)	무한(武汉)	호남성(湖南省)	장사(长沙)
광동성(广东省)	광주(广州)	사천성(四川省)	성도(成都)
귀주성(贵州省)	귀양(贵阳)	운남성(云南省)	곤명(昆明)
섬서성(陕西省)	서안(西安)	감숙성(甘肃省)	난주(兰州)
청해성(青海省)	서녕(西宁)	해남성(海南省)	해구(海口)
대만성(台湾省)	대북(台北)		

④ 2개의 특별 행정구역 : 홍콩(香港), 마카오(澳门)

(6) 중국의 지하자원

석탄 매장량은 세계 석탄 매장량의 1/3에 달하는 약 45,000억 톤으로 추정, 세계 1위이고 석유 매장량은 25.2억 톤으로 추정되며 부존 석유 개발은 아직 초보적 단계이다. 최근 부존 가능성이 많은 신강, 서장 지역에 관심이 집중되고 있다. 철광의 매장량은 450억 톤 정도로 세계 3위 수준이고 생산량은 세계 4위 수준이다.

그밖에 망간 · 크롬 · 바나듐 · 티타늄 등의 매장량도 풍부하여 약 4억여 톤 정도 되는 것으로 알려지고 있다.

금 매장량은 세계 4위 수준이며, 동은 세계 3위, 흑연 · 아연은 세계 1위, 보크사이트는 세계 8위, 텅스텐은 세계 1위로 세계 전 생산량의 절반 이상이나 되며, 주석과 안티몬도 세계 1위의 수준에 있다.

■ 중국어 학습의 필요성

잠자는 용에서 깨어난 용으로 방대한 국토에 엄청난 인구와 5,000년의 역사가 말해 주는 무한한 잠재력의 나라, 세계의 패자(覇者) 미국을 견제하는 유일한 국가, 바로 중국을 상징하는 수식어들이다.

급속한 경제발전과 국력신장으로 중국의 국제적 위상이 날로 높아지면서 중국어의 지위도 올라가고 있다. 지금 중국어는 세계적으로 영어에 이어 제2의 세계어로 떠오르고 있다. 세계 인구의 약 30%가 사용하는 중국어는 향후 그 영향력이 더욱 커질 것이다. 그것은 바로 중국이 가지고 있는 무한한 성장가능성 때문이다.

중국의 인구가 얼마나 될까? 공식 인구가 13억 정도이지만, 호적이 없는 아이들과 일자리를 찾아 도시로 나가는 바람에 통계에서 누락된 사람들, 통계상의 오류 등으로 정확한 인구 통계가 불가능하다. 실제 인구가 15억, 16억, 심지어 20억이 넘는다고도 주장하는 학자도 있다. 어머어마한 땅덩어리에 도대체 얼마나 많은 인구가 살고 있는지 알 수 없다.

이렇게 인구가 많으니 이는 바로 세계에서 가장 큰 소비 시장이라고 볼 수 있다. 수출이 우리 경제의 가장 큰 버팀목인 우리에게는 중국이야말로 기회의 땅이다. 91년 한중수교 이후 중국과 우리나라는 많은 교류를 하고 있는데 특히 경제적인 교류는 놀랄만한 증가세를 보여 주고 있다. 2005년 관세청의 발표 따르면 우리나라 10대 수출 국가 중 중국이 21.8%로 1위이고 미국이 14.5% 2위라고 한다. 특히 2005년 대중국 무역량은 이미 1,006억 달러를 넘은 것으로 나타났다. 중국은 우리나라 최대무역국으로 급부상하고 있다.

이러한 경제적인 측면 외에 중국은 우리나라와 역사적으로 아주 밀접한 관계를 가진 나라이고 같은 한자문화권에 속하다보니 정서적으로 문화적으로 공통점이 많은 나라이다. 이제 중국어 공부는 시대의 흐름이고 대세이다.

第二课 你叫什么？ 너의 이름은 뭐니?

17page

학습목표
1. 중국어로 이름을 물을 수 있다.
2. 중국어로 이름을 묻고 대답할 수 있다.

✓ 중심 표현과 단어

중심 표현　你叫什么？　我叫……,你呢？　　　주요 단어　叫,什么,呢

✓ Daily Routin

老师	你们好！
学生	您好！
老师	今天天气很好。今天几月几号？今天是○月△号。

Review

1. 중국이 중국어로 무엇이었는지 물어 본다.
2. 중국어로 옆의 짝궁과 인사하도록 한다.
3. 선생님과도 인사하도록 한다.

무슨 맛일까 (闻一闻)

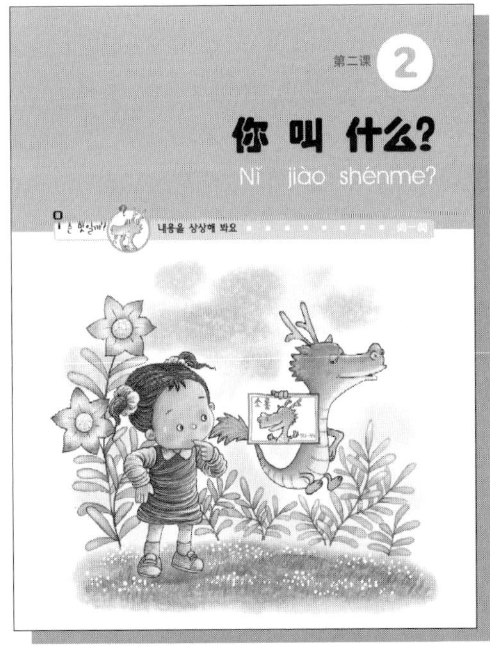

−자유롭게 이야기 할 수 있는 분위기 조성−

• 闻一闻 : (코로 냄새 맡는 시늉을 하며) 냄새를 맡아 볼까요?
• 今天要学什么内容? : 오늘은 무슨 내용을 배울 것 같죠?
• 看看图画。 : 그림을 보세요.
• 图画里有谁? : 그림에 누가 있나요?
• 他们在说什么? : 무슨 이야기를 나누고 있을까요?

−자유스러운 학생들의 반응을 유도한다−

재미있는 중국어 회화 시간~! 오늘은 이름을 묻고 대답하는 표현을 배워 보겠습니다.

맛보기 (尝一尝)

(1) 수업 진행

–화면을 보여 준다(플래시 화면)–

▶ '书上有什么人？' 책에 누가 있나요?
  : 一个男孩儿, 一个女孩儿, 一条龙

▶ '他们做什么?' 그럼 그들은 무엇을 하고 있나요? / 그럼 플래시를 통해 대화를 들어 봅시다.

–대화 내용을 다시 한번 들려준다–

너무 간단한 내용이네요. 뜻은 생각하지 말고 무작정 따라해 볼까요?

–플래시를 따라 한번 읽어 본다–

▶ '你们听到什么内容? 说一说吧。' 어떤 내용을 들었나요? 얘기해 보세요.
  [학생들의 대답을 집중하여 듣고, 적절한 반응을 해 준다.]

예) '你'를 들었어요!
참 잘했어요. '你'는 지난 번에 막 배웠죠? '너'라는 의미군요.
'很好。' 참 잘했어요.
그럼 선생님을 따라 읽어 볼까요? '那么跟老师一起读吧。'
[간단한 대화 내용이므로, 외울 때까지 읽게 한다.]

16

-대화 내용을 다시 한번 들려준다-

(2) 단어와 어법 설명

▶내용을 살펴볼까요?

'你'가 뭐였죠? '너'죠. '叫'는 '…라고 부르다'라는 뜻입니다. '什么'는 '무엇'이라는 의문사입니다. 그래서 '你叫什么?'하면 '넌 무엇이라고 불리니? 네 이름이 뭐니?'라는 표현이 됩니다. 대답할 때는 '我叫…。'라고 합니다.

▶'呢?'는 되묻는 표현으로, '…는?'이라는 뜻이예요. '너는? 你呢?', '선생님'이 뭐였죠? '老师,그럼 '선생님은요?'는 뭘까요? 그렇죠. '老师呢?'입니다.

그럼 '너희들은?'은 뭘까요? '你们呢?'

▶다시 한번 본문을 플래시로 살펴볼까요? [들으면서 따라해 보도록 한다.]

이제 여러분이 해 보세요. [대사가 없는 플래시를 틀어주고, 학생들이 말해 보도록 한다.]

벌써 다 외웠군요. ^^*

비비기 (拌一拌)

■발음 요령

i 입을 옆으로 벌리고, '이'를 발음한다.
[입은 작게 벌리고, 혀의 위치는 높고 약간 앞쪽에 위치한다.]

u 입 모양을 둥글게 바꾸어, '우'라고 발음한다.
[입은 작고 둥근 모양, 혀의 위치는 높고 뒤쪽이다.]

ü 혀 위치는 'i'와 동일, '이'를 발음한 상태에서 입 모양만 둥글게 바꾼다.

■교사를 위한 발음지도 tip

학생들이 'ü'를 '유'나 '위'로 발음하지 않도록 유의한다.

입 모양은 조용히 하라는 의성어인 '쉬'와 상당히 비슷하지만, 절대 '위'는 아니다.

■참고 단어

i 鸡肉 jīròu 닭고기 七 qī 일곱, 7
u 不 bù …아니다 醋 cù 식초
ü 女人 nǚrén 여자 渔夫 yúfū 어부

곱빼기 (再来一点)

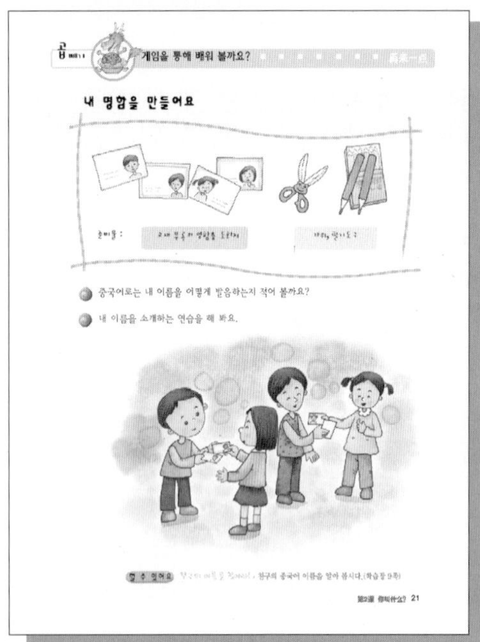

내 명함을 만들어요

1. 활동 목표

중국어로 자기 이름을 어떻게 쓰는지, 어떻게 발음하는지 쓰기 활동을 통해서 익히도록 한다.

2. 준비물

명함 종이(교재 부록의 도화지 사용), 가위, 색연필 및 필기도구

3. 활동 방법

① 도화지를 오려 명함 종이를 만든다.

② 자기 이름을 한자로 써 본다.

③ 중국어로는 어떻게 발음하는지 써 본다.

④ 좋아하는 그림이나 캐릭터를 그려넣어도 좋다.

⑤ 명함을 다 꾸몄으면, 친구에게 이름을 소개하는 연습을 해 본다.

친구이름을 찾아라!

1. 활동 목표

직접 만든 명함을 주고받으며 자기 이름을 소개하고, 나아가 친구를 소개할 수 있다.

2. 준비물

직접 만든 명함

3. 사용 언어

你叫什么?　　　我叫〇〇〇。
他(她)叫什么?　　他(她)叫〇〇〇。

4. 활동 방법

① 자유롭게 돌아다니면서 다양한 친구들과 자기소개를 한다.

② 만나면 먼저 ‘你好!’라고 인사한다.

③ 서로 중국어로 이름을 묻고 답한다. 제대로 인사를 나누었으면 명함을 교환한다.

④ 헤어질 때는 ‘再见!’이라고 인사한다.

⑤ 활동이 끝나면 자기 자리로 돌아간다.

5. 심화 활동

- 손을 잡고 원을 그리면서 돌다가 교사의 지시에 따라 인원 수대로 모인다.
- 2명에서 4명 정도로만 부른다.
- 2명일 경우 : 서로 이름을 묻고 답한다.
- 3~4명일 경우 : 서로 친구 이름을 소개한다.

■적용 가능한 다른 활동들

이름 말하기 : 네 박자 게임의 응용

① 원을 만들어 앉는다. (인원이 많을 경우 그룹을 나누어 준다.)

② 무릎 1박, 손뼉 마주치기 1박, 오른손 1박, 왼손 1박, 이,얼,싼,쓰 자기 이름 대기를 한다.

③ 3박,4박에 자기 이름 말하고, 그 다음 손뼉을 치며 친구 이름, 숫자(1~4)말하기를 한다.

④ 이름이 불리면, 숫자만큼 자기 이름 말하기를 한다.

⑤ 자기 이름 말하고, 다른 친구 이름과 숫자말하기를 한다.

리듬젓가락 (节奏筷子)

■리듬젓가락 내용 해석

네 이름은 뭐니? 나는 동동이야.
네 이름은 뭐니? 나는 쟈쟈야.
좋아, 좋아, 좋아,
우리는 좋은 친구야.

■리듬젓가락 지도하기

① 먼저 음악을 들려 준다.

② 들린 가사(말)를 말해 보도록 한다.

③ 다시 들어 본다.

④ 한 소절씩 따라 해 본다.

■해 볼 만한 지도법

① 역할을 바꾸어 부른다.

② 소리를 바꾸어 부른다.

③ 짝과 함께 서로의 이름 넣어 부른다.

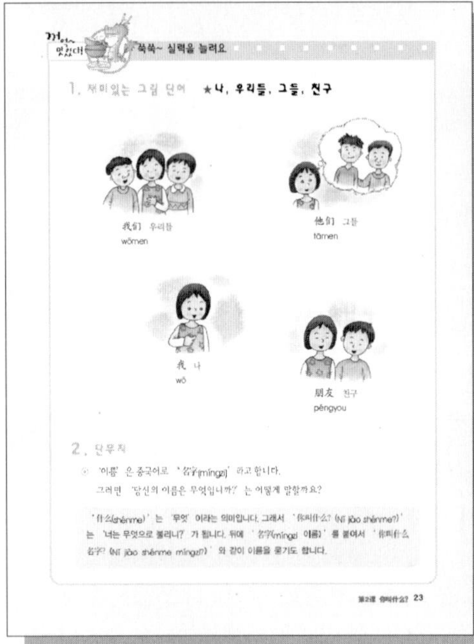

1. 재미있는 그림 단어

■ 나, 우리들, 그들, 친구

- 我 wǒ 나
- 我们 wǒmen 우리들
- 他们 tāmen 그들
- 朋友 péngyou 친구

■ 보충 단어

- 老师 lǎoshī 선생님
- 大夫 / 医生 dàifu / yīshēng 의사
- 护士 hùshi 간호사
- 商人 shāngrén 상인
- 上班族 shàngbānzú 직장인

■ 이름을 묻는 여러 가지 표현

교재 단무지에 나와 있는 '你叫什么名字?'말고, 다른 이름 묻는 표현을 알려 주어도 좋다.

- 你姓什么? (폭넓게 쓸 수 있는 이름묻기 표현)
- 您贵姓?(어른께 성함을 물을 때 쓰는 표현)

note

수업을 더 재미있게 만드는 나만의 노하우

디저트(甜点心)와 교사를 위한 문화 지식

디저트 / 만리장성은 정말 만리일까?

그렇습니다. 랴오닝성 단둥에서 시작해 간쑤성 위먼까지 이어지는 이 장성을, 1984년 중국 장성학회의 동야오후이라는 사람이 20개월 동안 처음부터 끝까지 걸어서 밝혀낸 길이는 1만 4천 500리입니다. 중국의 1리는 0.5㎞에 해당하니 환산하면 7,250㎞나 됩니다. 서울에서 부산을 8번 왕복하고도 남는 거리입니다. 정말 대단하지요?

만리장성은 진시황 때 북쪽의 외적을 막기 위해 건설된 것으로 알려져 있었습니다. 하지만 최근 학계에서는 진시황 이전에 이미 각 지방에서 성을 쌓았다고 밝히고 있습니다. 진시황은 각 지방에서 쌓은 성들을 처음으로 연결하여 장성으로 만든 것입니다. 진시황 이후에도 여러 황제들이 꾸준히 만리장성을 확장 보수하여 오늘의 길이에 이른 것입니다.

만리장성은 세상에서 가장 긴무덤이라고도 합니다. 왜냐하면 진시황이 장성을 축조할 때 동원된 인력이 30만 명이나 되는데 노역에 지쳐서 사람이 죽으면 바로 그 자리에 묻고 장성을 쌓았기 때문에 그렇게 부르기도 한답니다.

중국인에게 영웅으로 추앙받는 유명한 국가주석 마오쩌둥은 '장성에 올라 보지 않은 사람은 영웅이라 할 수 없다'라는 말을 남겨 더욱 유명합니다. 여러분도 중국어를 열심히 공부하여 만리장성에 올라 영웅이 되시기 바랍니다.

문화지식 / 보통화와 간체자

중국 사람들은 중국어를 중국말로 '汉语 Hànyǔ'라고 부르는데 이는 13억 중국 인구 가운데 91.6 %가 '한족 汉族'이기 때문에 그렇게 부르기도 한다. 56개 민족이 광대한 영토에서 함께 살고 있다보니 자연히 지방 사투리인 방언도 발달하였다. 중국에 가면 TV에서 화면 밑에 자막이 나오는 것을 볼 수 있는데 이는 방언을 쓰는 사람들이 알아듣지 못하기 때문이다. 그래서 중국 정부는 북경 지방의 말을 표준어로 제정하고 표준어 사용을 권장하고 있는데 흔히 이를 '보통화 普通话 pǔtōnghuà'라고도 하다.

현재 중국의 문자는 한자를 근간으로 하고 있는데, 어려운 기존한자를 쉽고 간단하게 쓸 수 있도록 만든 '간체자(简体字)'라고 하는 것을 공식 문자로 쓰고 있다. 우리가 사용하고 있는 변형되지 않은 본래의 한자는 '번체자(繁体字)'라고 하며 우리나라를 비롯 대만 등에서 사용하고 있다. 대륙에서는 앞서 말했듯이 '간화된 한자'인 간체자를 사용하고 있다.

주 : 모든 한자를 간화簡化시킨 것은 아니며 복잡한 획을 가진 800여 단어를 간체자로 제정하였다.
번체자라는 것도 간화시킨 해당 한자의 정자正字 개념으로 이해하면 쉽다.
예를 들어 '큰 대 大'자와 같이 본래 간단한 한자는 간화시키지 않고 정자 그대로 사용하고 있다.

这是什么？ 이것은 무엇인가요?

학습 목표
1. 중국어로 사물을 묻고 대답할 수 있다.
2. 몇 가지 과일을 중국어로 말할 수 있다.

✔ 중심 표현과 단어

중심 표현　这是什么？那是○○吗？　　주요 단어　这,那,是,吗

✔ Daily Routin

老师	你们好！
学生	您好！
老师	今天天气很好。今天几月几号？今天是○月△号。

Review

1. 중국어로 옆 짝꿍과 인사해 보고, 이름을 묻고 대답해 본다.
2. 선생님이 몇몇 친구들을 불러서 이름을 묻고 대답하게 해 본다. 이때 좀더 확장된 표현인 '你叫什么名字?'라고도 물어 본다.

 **무슨 맛일까 (闻一闻)**

－ 자유로운 분위기를 조성하며 대화 중간에 자연스럽게 학생들의 반응을 유도한다 －

• 즐거운 중국어 시간이 또 돌아왔습니다.
• 闻一闻. : 냄새를 맡아 볼까요?
• 今天要学什么内容? : 오늘은 무슨 내용을 배울 것 같죠?
• 你们猜一猜吧。 : 한번 추측해 보세요.
• 图画里有谁? : 그림에 누가 있나요? / 귀여운 아기, 엄마.
• 他们在说什么? : 무슨 이야기를 나누고 있을까요?
• 이것저것 집어 보면서 묻고 있네요. 엄마가 참 잘 가르쳐 주시죠?
• 오늘은 사물을 묻고 대답하는 표현을 배워 보도록 해요.

(1) 수업 진행

-화면을 보여 준다(플래시 화면)-

▶ '书上有什么人?' 책에 누가 있나요?
　：东东, 一个小的女孩儿

▶ '他们做什么?' 그럼 그들은 무엇을 하고 있나요?
　물건을 산다구요? 그렇죠. 귀여운 링링이 오빠에게 이것저것 물어 보고 있군요.
　그러면 플래시를 통해 대화를 들어 봅시다.

-대화 내용을 전체 모두 들려준다.-

▶ '你们听到什么内容? 说一说吧。' 어떤 내용을 들었나요? 얘기해 보세요.
　[학생들의 대답을 집중하여 듣는다.]
　'很好。' 참 잘했어요.

-대화 내용을 다시 한번 들려준다-

(2) 단어와 어법 설명

▶그럼 내용을 자세히 살펴보겠습니다.

'这'가 뭘까요? '이것'입니다. 그럼 '저것'은 뭘까요? '那'입니다. '是'는 '…이다'라는 뜻이죠.

'무엇'이 중국어로 뭐였을까요? 그렇죠. '什么'입니다. 그럼 '이것은 무엇입니까?'는 중국어로 '这是什么?'가 되겠죠? 대답할 때는 '什么'대신에 알맞은 사물을 넣으면 됩니다. 예를 들어 바나나를 보고 물었다면, '这是香蕉。' 수박을 보고 물었다면 '这是西瓜。'가 되겠죠.

▶'不'는 부정어입니다. 그래서 '不是'가 '아니다'가 되는 거죠.

'이건 바나나가 아니라, 수박이다.'라고 말하고 싶다면, '这不是香蕉,这是西瓜。'라고 하면 되겠네요. 이 외에도 다양한 단어로 연습이 가능합니다.(지도서 28쪽의 보충 단어 활용)

▶다시 한번 본문을 플래시로 살펴볼까요?

그럼 이제 링링과 동동은 조용히 하라고 하고 우리끼리 해 볼까요?

[플래시의 묵음기능을 이용하여 화면을 보고 학생들이 대화할 수 있도록 한다.]

(3) 역할놀이

▶역할을 나누어 따라 읽어 볼까요? 1분단은 동동을 따라하고, 2분단은 링링을 따라하세요.

[플래시를 개별적으로 따라 읽도록 한다. 바꿔서도 해 본다.]

(바나나 바나나 카드를 준비한 후) '这是什么?　这是香蕉。'바나나는 '香蕉'예요.

[마찬가지로 사과와 수박 그림도 준비하고 연습한다.]

note

수업을 더 재미있게 만드는 나만의 노하우

■성조

성조란 '중국어 음의 높낮이'를 말한다.
[음을 5개 정도의 높이로 나눈다.]

- 제1성 : 5도에서 5도로 가는 높이로, 높고 평평하게 길게 발음한다.
- 제2성 : 3도에서 5도로 쭉 올리며 발음한다.
- 제3성 : 2도(2성 아님)에서 1도로 다시 5도 정도의 높이로 올라간다.
- 제4성 : 5도에서 1도로 뚝 떨어지듯 발음한다.

■사성도표

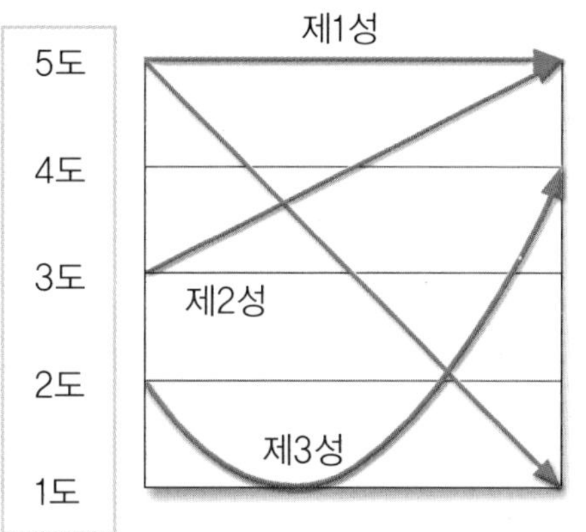

■교사를 위한 발음지도 tip

① 성조의 기본인 제1성을 정확히 짚어 주는 것이 선행되어야 한다. 처음에는 높게 시작하는 것이 좋다. 성조는 많은 연습을 통해 익숙해지도록 해야 한다.

② 재미있는 발음지도 힌트(결코 절대적인 것은 아니며 흥미 유발을 위한 것임)

- 제1성은 음계 '솔'의 높이를 찾아준다.

  ＊ 산토끼, 토끼야 / 솔토끼, 토끼야 / bo토끼, 토끼야. 하는 식으로 연습한다.

- 제2성은 '보라돌이, 나나, 뚜비, 뽀'에서 마지막 '뽀'의 올라가는 음으로 연습한다.
- 제3성은 알아들었을 때 고개를 끄덕거리면서 내는 소리 '아~'와 비슷하다.
- 제4성은 누군가에게 갑자기 맞았을 때, '아!'하듯이 강하게 연습시킨다.

곱배기 (再来一点)

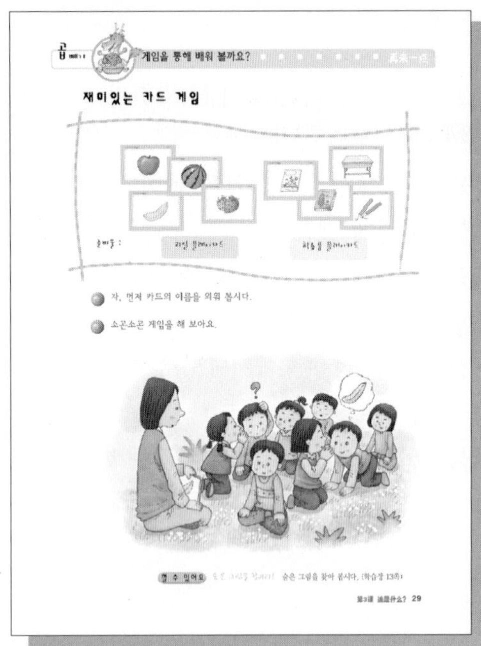

재미있는 카드 게임

1. 활동 목표
카드 게임을 통해 단어를 다양한 방법으로 익혀
필요한 단어를 말할 수 있다.

2. 준비물
과일 및 학용품 플래시 카드

3. 활동 방법
① 단계 1 – 단어 익히기
- 선생님을 따라 하나씩 읽으며 내려놓기
- 교사가 들려주는 단어를 듣고 카드 찾기

② 단계 2 – 응용게임
- 먼저 집어요 :
  한 세트의 카드를 바닥에 깔아 놓은 다음 선생님이 들려주는 단어를 듣고 빨리 집게 한다.

- 순서대로 내려놓아요 :
  선생님이 들려주는 단어를 듣고 따라 말하면서 순서대로 내려 놓는다. 모두 내려놓은 다음
  에는 처음 내려놓은 카드부터 집으면서 함께 단어를 말한다.

- 소곤소곤 게임 :
  두 팀으로 나누어 한 줄로 늘어선다. 팀의 맨 앞에 있는 친구의 귀에 대고 단어를 말한다. 귓
  속말로 전달하여 맨 뒤에 있는 친구가 나와서 해당하는 단어카드를 집어 정확하게 말하면
  이긴다.
  [자기의 카드를 집어 들고 나와서 말해도 괜찮다.]

③ 단계 3 – 표현 익히기
- '这是什么? 那是什么?', '这是○○。 那是□□。'의 표현 익히기

- 가위바위보(划拳 huáquán)하기
  가위바위보를 해서 이긴 사람이 카드를 집으면, 진 사람이 '这是什么? 那是什么?'의 표현 을
  묻는다. 가위바위보에서 이긴 사람이 제대로 답하면 카드를 가져가며 카드를 많이 모은 사
  람이 이기는 게임이다.   • 剪刀 jiǎndāo 가위 / 石头 shítou 바위 / 布 bù 보

숨은 그림을 찾아라! / 워크북

- 워크북 3과에 있는 숨은 그림을 찾아 본다.
- 숨은 그림 찾기는 여유 시간에 하거나, 또는 과제물로 제시한다.

리듬젓가락 (节奏筷子)

■ 리듬젓가락 내용 해석

이것은 무엇입니까? 이것은 책입니다.
이것은 무엇입니까? 이것은 연필입니다.
이것은 무엇입니까? 이것은 공책입니다.
이것은 무엇입니까? 이것은 탁자입니다.

ā á ǎ à   ō ó ǒ ò
ē é ě è   ī í ǐ ì
ū ú ǔ ù   ū ǘ ǚ ǜ

이것은 무엇입니까? 이것은 책입니다.
이것은 무엇입니까? 이것은 책입니다.
이것은 무엇입니까? 이것은 바나나입니다.
이것은 무엇입니까? 이것은 사과입니다.
이것은 무엇입니까? 이것은 딸기입니다.
이것은 무엇입니까? 이것은 수박입니다.

■ 리듬젓가락 지도하기

① 먼저 각 성조에 따른 단모음 발음을 해 본다.
② 음악을 들려준다.
③ 들린 가사(말)를 말해 보도록 한다.
④ 다시 들어 본다.
⑤ 가사에 나오는 순서대로 플래시 카드를 내려놓아 본다.
⑥ 같이 불러 본다.

■ 해 볼 만한 지도법

① 역할 나누어 부르기 : 질문하는 팀과 대답하는 팀으로 나누어 부르기
② 목소리를 다양하게 하여 부르기

꺼억~ 맛있다

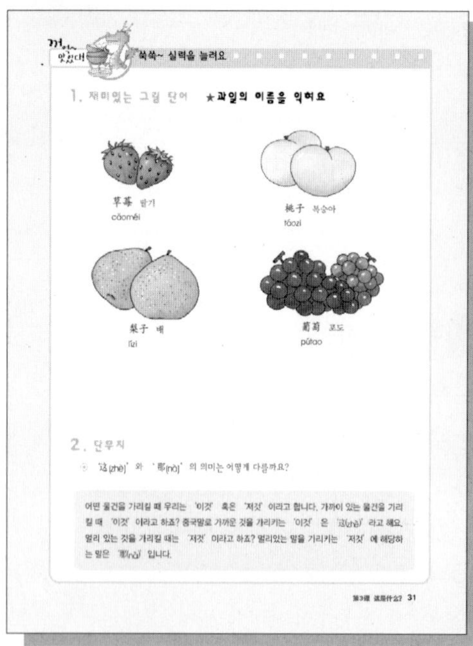

1. 재미있는 그림 단어

■과일의 이름을 익혀요

- 草莓 cǎoméi 딸기
- 桃子 táozi 복숭아
- 梨子 lízi 배
- 葡萄 pútao 포도

■기타 과일, 채소

- 橘子 júzi 귤
- 菠萝 / 凤梨 bōluó / fènglí 파인애플
- 樱桃 yīngtáo 앵두
- 香瓜 / 甜瓜 xiāngguā / tiánguā 참외
- 西红柿 xīhóngshì 토마토

디저트(甜点心)와 교사를 위한 문화 디닉

■ 디저트 / 양귀비가 좋아했던 과일 '리즈'

　　중국 여행을 가면 하나의 커다란 즐거움이 있습니다. 바로 처음 보거나 이름조차 생소한 많은 과일들을 싼값에 아주 배부르게 먹을 수 있다는 것이지요.

　　중국 남부 지방의 과일의 왕은 역시 '리즈'입니다. 중국 남방의 5~6월은 리즈의 계절입니다. 리즈를 맛본 사람들은 절대로 그 맛을 잊지 못하지요. 거북이 등처럼 생긴 딱딱한 적갈색 껍질을 벗기면 물기가 촉촉이 배어 있는 뽀얗고 하얀 속살이 나옵니다. 한입에 먹기 딱 좋은 크기로 입에 넣고 씹으면 달콤한 과즙이 터져 나옵니다. 쫄깃한 과육을 먹고 나면 진갈색의 단단한 씨 하나가 남습니다.

　　리즈는 2,000년 전부터 재배되었습니다. 종류가 100여 종이나 되는데 광둥성 광저우 지대에 60여 종이 분포합니다. 요즘에는 고급 중국 식당의 후식으로 리즈가 나오기도 하지만 예전에는 흔히 먹을 수 있는 과일이 아니었습니다. 리즈는 열대 과일 중에서도 신선도를 유지하며 보관하기 가장 어려운 과일이기 때문입니다.

당나라 때의 절세미인 양귀비는 리즈의 맛에 반해 해마다 5월이 오면 매일 리즈를 먹겠다고 황제를 졸랐다고 합니다. 원산지 광둥부터 당나라 수도 시안까지는 오늘날 기차로 26시간, 비행기로도 3시간이나 걸립니다. 사흘이면 맛이 변하는 리즈를 직송하기 위해 백성들은 리즈를 담은 얼음 상자를 등에 진 채 쉬지 않고 7일 밤낮을 말을 달렸다고 합니다. 그래서 '말도 백성도 지쳐 숨이 끊어질 무렵 양귀비의 입안에는 리즈 향내가 가득하다'는 말도 생겼습니다.

여러분 중국 여행을 하다가 광둥 지역에 들르면 꼭 드셔보기 바랍니다.

문화지식 / 양귀비(杨贵妃)

고사성어 '미인박명'의 주인공 양옥환(양귀비 · 719~756)은 쓰촨성에서 태어나 17세 때 현종(재위 기간 712~756)의 제18 왕자 수왕의 부인이 됐다. 당나라의 양귀비는 수화(羞花)라고 칭하였는데 꽃이 부끄러워 잎을 말아 올린다는 뜻이다. 양옥환(楊玉環)은 입궁 한 후로 하루 종일 우울했다. 어느 날 그녀가 화원에 가서 꽃을 감상하며 우울함을 달래는 데 무의식 중에 함수화(含羞花)를 건드렸고 함수화는 바로 잎을 말아 올렸다고 한다. 이를 보고 "그녀를 칭하기를 꽃을 부끄럽게 하는 아름다움이다"라고 찬탄하고 그녀를 '절대가인(絕對佳人)'이라고 칭했다고 한다. 현종은 정부인이었던 무혜비의 사망으로 우울해하던 중 며느리 양옥환을 자신의 비로 삼고 애지중지하여 황후의 대우를 하였다. 현종은 양귀비의 친척 오빠 국충 이하 많은 친척들에게 고관의 자리를 주었고 국충은 현종의 양아들과 대립, 급기야 안녹산의 난을 촉발하는 요인이 됐다.

결국 귀비는 나이 37세에 허름한 불당에서 명주천을 꼬아 만든 줄로 목이 졸려 죽는 액살형에 처해졌다. 정사(正史)는 양귀비를 자질풍염(資質豐艷)이라 하여 절세의 미인인 데다 가무에도 뛰어나고 총명함도 겸비했다고 기록하고 있다.

第四课

我喜欢狗 나는 개를 좋아합니다.

33page

학습 목표　중국어로 좋아하는 것과 싫어하는 것을 묻고 대답할 수 있다.

✓ 중심 표현과 단어

중심 표현　你喜欢○○吗?

주요 단어　喜欢, 猫, 狗, 不

✓ Daily Routin

老师	你们好!
学生	您好!
老师	今天天气很好。 今天几月几号? 今天是○月△号。

Review

1. 중국어로 옆 짝꿍과 인사해 보고, 이름을 묻고 대답한다.
2. 선생님이 과일 카드를 준비해서 물어본다. '这是什么?' 그림 카드를 보며 다양하게 회화를 연습한다.

 무슨 맛일까 (闻一闻)

– 교사는 자유롭게 이야기할 수 있는 분위기를 조성하며 수업을 진행한다 –

• 즐거운 중국어 시간이 또 돌아왔습니다.
• 看看图画吧。很有意思。 : 그림을 좀 보세요. 아주 재미있는 그림이군요. 무슨 일이 벌어지고 있나요?(학생들이 자유롭게 대답한다.)
• 小龙은 동물을 별로 안 좋아하는 것 같죠?
• 你们喜欢动物吗? : 여러분은 동물은 좋아하나요?
• 그럼 你们喜欢什么动物? : 어떤 동물을 좋아하지요?
• 오늘은 좋아하는 동물을 묻고 대답하는 표현을 배워 보도록 하겠습니다.

맛보기 (尝一尝)

(1) 수업 진행

– 교재의 그림을 보도록 한다 –

▶ '书上有什么人？' 책에 누가 있나요?
  : 东东,佳佳

▶ '他们做什么?' 그럼 그들은 무엇을 하고 있나요?
 강아지와 고양이에 대해 얘기하고 있나 봐요. 강아지는 '狗',고양이는 '猫'거든요. 무슨 얘기를 하고 있는지 한번 들어 볼까요?

– 녹음을 들려준다 –

▶ '你们听到什么内容？ 说一说吧。' 어떤 내용을 들었나요? 얘기해 보세요.
 [학생들의 대답을 집중하여 듣는다.]

 '很好。' 참 잘했어요.

▶ 이제 한 명씩의 얘기를 주의 깊게 들어 볼까요?
 [한 사람씩 얘기하도록 클릭하고, 듣고 따라하도록 해 준다. 다 듣고 난 후에는 중국어로 대화를 시도한다.]

 • 교사 : 东东喜欢猫吗?　　　학생 : 不喜欢。
 • 교사 : 那么,东东喜欢什么?　　학생 : 狗。
 • 교사 : 那么,佳佳呢?　　　학생 : 狗。

– 대화 내용을 다시 한번 들려준다 –

(2) 단어와 어법 설명

▶ 내용을 살펴보겠습니다.

▶ '喜欢'이 뭘까요? '좋아하다'입니다. 강아지는 '狗'구요.

여러분은 강아지를 좋아하나요? '你们喜欢狗吗? 좋아한다구요? 그럼 '喜欢'이라고 대답하면 되요. 혹은 '我喜欢狗'라고 하던지요.

고양이는 뭘까요? '猫'. 선생님에게 한번 물어 보세요. 선생님은 고양이 좋아하세요? '老师喜欢猫吗?'

제 대답은 이렇습니다. '我不喜欢猫,我喜欢狗。' 선생님은 고양이를 좋아하지 않아요. 강아지를 좋아하거든요.

▶ 여러분도 좋아하시나요? '…역시, …또한, …도'라는 말은 중국어로 뭘까요?

그렇죠. '也'였죠. 여러분도 좋아하시나요? '你们也喜欢吗?'

대답할 때는 좋아하면 '喜欢',좋아하지 않으면 '不喜欢'(목적어 생략가능)이라 하면 되겠습니다.

(3) 청기 백기 게임 진행

▶ 다시 한번 녹음 내용을 들어 볼까요?

[녹음을 듣고 난 뒤 각종 플래시 카드로 청기,백기게임을 응용한 좋아, 싫어 게임을 진행한다.]

여기 지난 시간에 배운 과일 그림과 오늘 배운 동물 그림이 있군요.지금부터 '좋아, 싫어게임'을 해 봅시다.

① 한 학생을 앞으로 불러 좋아하면 오른손을 들게 하고 싫어하면 왼손을 들게 한다.

② 그 학생에게 각 플래시 내용을 좋아하는지 싫어하는지를 물어보면서, 학생들에게 손동작을 관찰하도록 한다.

③ 학생들이 손동작을 보며 선생님의 질문에 대답하도록 한다.

예)　　교사 : '채연喜欢西瓜吗?' (채연이가 오른손을 들었었다면)

　　　　학생들 : '채연喜欢西瓜。'

비비기 (拌一拌)

■발음 요령

b　두 입술을 붙였다 가볍게 떼면서 'bo' 라고 발음한다. 성대 진동은 없다.

p　두 입술을 붙였다 떼면서 강하게 공기를 내 뿜으며 'po'라고 발음한다.

m　두입술을 다물고 숨이 코로 나가도록 하면서, 'mo'라고 발음한다.

f　윗이빨을 아랫입술에 가볍게 대었다 떼면서 'fo'라고 발음한다.

■교사를 위한 발음지도 tip

기본 성조인 1성으로 기본 발음을 지도한 후, 관련 단어를 읽을 때는 원래 성조대로 읽는다.

■참고 단어

b	班	bān	반	报	bào	신문	杯	bēi	잔, 컵
p	爬	pá	오르다	票	piào	표	乒乓球	pīngpāngqiú	탁구
m	马	mǎ	말	买	mǎi	사다, 구입하다	梦	mèng	꿈
f	法	fǎ	법	饭	fàn	밥	风	fēng	바람

note

수업을 더 재미있게 만드는 나만의 노하우

곱배기 (再来一点)

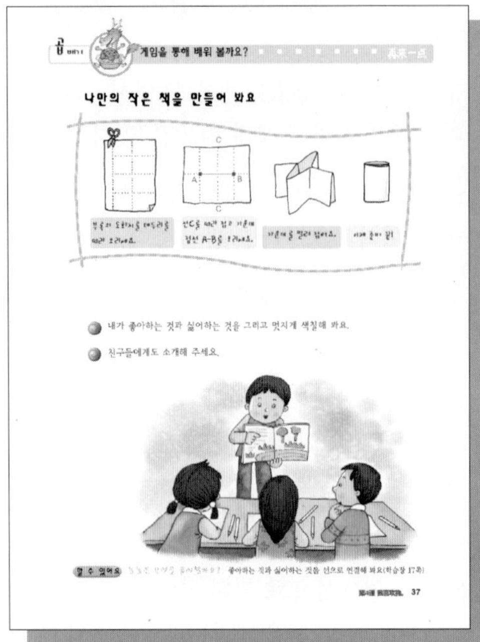

나만의 작은 책을 만들어 봐요

1. 활동 목표
   작은 책을 만들어 자기가 좋아하는 것과 싫어
   하는 것을 직접 꾸미고 글을 써 봄으로써 표현
   을 익히도록 한다.

2. 준비물
   교재 부록의 책 만들기용 도화지, 가위,
   교사가 시범 보여줄 큰 종이

3. 책의 기본 형태 만들기
   [교사가 시범을 보이며 같이 만든다.]

   ① 자르는 선을 따라 오려서 교재에서 도화지를 때어 낸다.
   ② 가운데 점선 a–b를 따라 오린다. (선 c를 따라 접어서 오리면 쉽게 할 수 있다.)
   ③ 가운데 오린 부분을 벌려 접는다.
   ④ 작은 책 완성

4. 꾸미기
   ① 자유로이 표지를 꾸민다.
   ② 좋아하는 것이나 싫어하는 것을 그림으로 표현하도록 한다.
   ③ 그림을 그린 후 색칠을 하여 보기 좋게 꾸민다.
   ④ 좋아하는 것이 있는 페이지에는 ‘我喜欢’, 싫어하는 것이 있는 페이지에는 ‘我不喜欢’ 이
   라고 쓰도록 한다.

5. 활동 방법
   책 꾸미기가 다 끝나면 한 명씩 앞에 나와서 다른 친구들에게 책의 내용을 소개하도록 한다. 자
   신이 좋아하는 것과 싫어하는 것을 소개하며 설명하도록 한다.
   [자기의 카드를 집어 들고 나와서 말해도 괜찮다.]

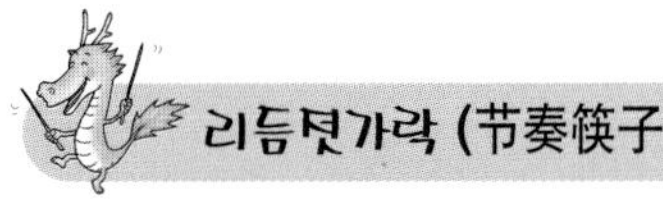

■ 리듬젓가락 내용 해석

너 무엇을 좋아하니?
나는 고양이를 좋아해, 야옹, 야옹, 야옹
나는 개를 좋아해, 멍, 멍, 멍
아~ 정말 좋아!

너는 무엇을 좋아하지 않니?
나는 고양이를 좋아하지 않아,
야옹, 야옹, 야옹
나는 개를 좋아하지 않아, 멍, 멍, 멍
아~ 정말 싫어!

• 讨厌 tǎoyàn 싫어하다

■ 리듬젓가락 지도하기

① 먼저 음악을 들려준다.
② 들린 가사(말)를 말해 보도록 한다.
③ 중국식 고양이 울음소리 의성어, 중국식 강아지 울음소리 의성어를 찾아내도록 한 후
   무슨 소리인지 추측해 보도록 한다.
④ 우리는 고양이와 강아지의 울음소리를 어떻게 표현하는지 말해 보고 비교해 본다.
⑤ 다시 들어 본다.
⑥ 한 소절씩 따라 해 본다.
⑦ 전체를 다 같이 불러 본다.

■ 해 볼 만한 지도법

① 흉내내며 불러요 : 고양이와 강아지 흉내를 내보면서 불러 본다. 또는 '좋아하다'와 '싫어
   하다'의 표현을 하면서 불러 본다.
② 역할 나누어 불러요 : 질문과 대답으로 나누어 불러 보고, 마지막 소절은 함께 부른다.

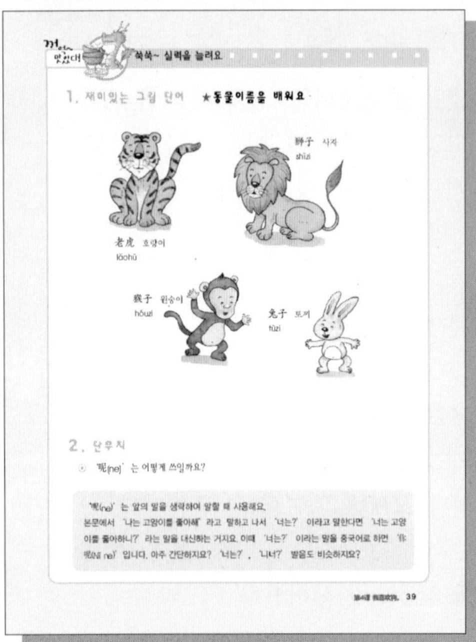

1. 재미있는 그림 단어

■동물 이름을 배워요

- 老虎 lǎohǔ 호랑이
- 狮子 shīzi 사자
- 猴子 hóuzi 원숭이
- 兔子 tùzi 토끼

■12띠 동물

- 老鼠 lǎoshǔ 쥐
- 老虎 lǎohǔ 호랑이
- 龙 lóng 용
- 马 mǎ 말
- 猴子 hóuzi 원숭이
- 狗 gǒu 개

- 牛 niú 소
- 兔子 tùzi 토끼
- 蛇 shé 뱀
- 羊 yáng 양
- 鸡 jī 닭
- 猪 zhū 돼지

디저트(甜点心)와 교사를 위한 문화 지식

디저트 / 중국 황실 애완견 '챠우챠우'를 아시나요?

우리나라를 대표하는 명견은 풍산개나 진돗개, 삽살개가 있습니다.

중국에도 중국을 대표하는 개가 있는데 중국황실에서 사랑을 받던 '챠우챠우'라는 개가 있습니다. 사자와 곰을 섞어 놓은 듯한 외모에 복슬복슬한 갈기털을 가지고 있으며 약간 푸르면서도 검은색 혀를 가지고 있는 챠우챠우는 중국 몽고지방을 기원으로 하는 오랜 역사를 가지고 있습니다.

챠우챠우는 사냥도 하고 사원을 지키는 역할도 했으며 중국 황실의 총애를 받기도 하고 식용으로도 사용되었다고 합니다. 당나라의 어떤 황제는 이개를 2,500마리나 키웠다고 합니다.

그러면 왜 이름이 챠우챠우일까요. 영국의 한 선장이 중국에서 온 짐을 챠우챠우라고 불렀는데 짐 속에 섞여 있던 개도 자연스럽게 챠우챠우라고 부르게 되었다는군요. 이 개는 초기의 챠우챠우 모습에서 지금은 약간 변형되어 침착한 성격을 가진 사랑스런 애완견이 되었답니다.

그럼 각 나라를 대표하는 명견으로는 어떤 개가 있을까요? 일본에는 '아키다'라는 개가 있고 영국에는 '포인터', 독일에는 '저먼세퍼드'가 있고 미국에는 '시베리안 허스키'라는 명견이 있습니다. 여러분에게 친숙한 '치와와'는 멕시코, 《101마리 달마시안》으로 유명한 '달마시안'은 크로아티아의 명견이랍니다.

문화지식 / 세계적인 중국어 학습열풍

세계 각국은 지금 중국어 학습 열풍이 불고 있다. 시사주간 타임지는 "남보다 앞서 가고 싶으면 중국어를 배우라!"고 중국어 학습 열풍을 다룬 적이 있다.

2006년 1월 부시 미국 대통령은 미국 대학 총장 교육포럼에서 중국어를 2번째 핵심 외국어로 지목하여 중국어 교육을 강조하였으며 현재 미국 전역의 2,400개 중고등학교에서 중국어를 가르치고 있어 미국에서는 지금 중국어 학습 붐이 일고 있다. 프랑스는 약 300개 대학 및 초·중학교에서 중국어 과목을 가르치고 있으며 영국도 정부가 앞장서 각급 학교들에 중국어 교육을 독려하고 있다.

세계적으로 100개 국의 2,500여 개 대학들이 중국어 전공학과를 설치한 것으로 집계되고 있다. 세계 각국의 대학이나 각종 교육기관을 통한 중국어 학습자 수는 약 3,500만 명에 달하며, 이 숫자는 오는 2010년 1억명으로 늘어날 것으로 전망되고 있다. 이에 따라 중국 정부는 지난해 11월 세계 최초로 서울에 '공자학원(孔子学院)'을 설립하였는데 이 기구는 전 세계에 중국어 보급을 확대하고 중국 문화를 전파하기 위한 문화기구다. 현재 한국을 비롯해 미국, 일본, 스웨덴, 프랑스, 우즈베키스탄 능 38개 국에 모두 78개 공자학원이 이미 설립, 운영되고 있다.

우리나라는 거의 모든 대학에 중국어 및 중국학 관련 학과가 설치되어 있고, 지난해 중국에 유학 중인 유학생 14만 명 가운데 한국 학생이 3만여 명으로 가장 많다.

현재 중국어는 세계에서 가장 많은 사람들이 사용하는 언어이다. 중국과 한국, 일본, 그리고 5,000만의 전 세계 화교(华侨)를 합쳐 한자문화권 전체를 따져보면 실제로 세계 인구의 30%가 중국어를 사용하는 언어이다. 무한한 잠재력의 나라, 이미 깨어나 용틀임하는 중국을 생각해 보자. 시사주간지 타임지는 왜 경쟁력을 가지려면 중국어를 공부하라고 하였을까? 이제 우리도 중국어를 열심히 공부하여 국제화 시대의 경쟁력을 키워야 한다.

你多大了？ 너는 몇 살이니?

학습 목표

1. 숫자를 셀 수 있다.
2. 나이를 묻고 대답할 수 있다.

✓ 중심 표현과 단어

중심 표현　你几岁了？　　　　주요 단어　几, 岁, 知道

✓ Daily Routin

老师	你们好！
学生	您好！
老师	今天天气很好。 今天几月几号？ 今天是○月△号。

Review

1. 짝꿍과 중국어로 인사하고, 이름 묻기를 해 본다.
2. 동물 카드와 과일 카드를 준비하여, 각각의 사물이 무엇인지 물어보고, 정확하게 잘 대답하면, 이번에는 대답한 사물을 좋아하는지 싫어하는지 물어 본다.

무슨 맛일까 (闻一闻)

– 교사는 자유롭게 이야기할 수 있는 분위기를 조성하며 수업을 진행한다 –

- 看看图画吧。很有意思。 : 그림 좀 보세요. 아주 재미있는 그림이군요.
- 小龙이 무슨 일로 저렇게 괴로워하고 있을까요? 숫자를 못 세나 보죠? ^^* 여러분 생각은 어때요?

  [학생들이 자유스럽게 대답할 수 있도록 해 주고, 특히 나이를 센다는 답이 나올 수 있도록 유도한다.]

- 오늘은 중국어 회화 시간에 숫자를 익히고, 나이 묻고 대답하기를 즐겁게 배워 보도록 하겠습니다.

(1) 수업 진행

▶중국어로 숫자를 어떻게 말할까요? 아는 친구 얘기해 보세요.
　[학생들이 자유롭게 발표하도록 해 준다.]
　그럼 같이 1-10까지 숫자를 배워 볼까요?

– 1~10까지 숫자를 지도한다. –

▶그럼 11은 어떻게 말할까요? 그렇죠 '十一'입니다. 그럼 20은요? '二十!' 잘했어요.
　여러분은 이제 99까지 다 셀 수 있겠네요. 그죠?
　이제 교재 내용을 볼까요?

– 교재의 그림을 보도록 한다. –

▶'书上有什么人?' 책에 누가 있나요?
　: 东东,玲玲,小龙

▶'他们做什么?' 그들은 무엇을 하고 있나요?
　그럼 플래시를 통해 대화를 들어 볼까요?

– 녹음을 들려준다 –

▶ '你们听到什么内容？ 说一说吧。' 어떤 내용을 들었나요? 얘기해 보세요.
　　[학생들의 대답을 집중하여 듣는다.]

　'很好。' 참 잘했어요.

▶ 이젠 숫자에 집중하며 들어 볼까요?
　　[다시 한번 녹음을 들려준다.]

어떤 숫자를 들었나요? 그렇죠! 아마도 동동은 10살, 링링은 4살, 샤오롱은……99살인가 봐요.

　'那么跟老师一起读吧。' 　그럼 선생님을 따라 읽어 볼까요?

– 대화 내용을 따라 읽도록 한다 –

(2) 단어와 어법 설명

▶ 내용을 살펴보겠습니다.
▶ '几'는 '몇'에 해당하는 의문사입니다. '岁'는 '나이'이구요. 그래서 '几岁'하면 '몇 살?'을 묻는 표현입니다. '너는 몇 살이니?'는 '你几岁了?'라고 하면 되겠습니다. 대답할 때는 '几' 대신 학생들 나이에 해당하는 단어를 넣으면 되겠습니다.
예를 들어. 10살이면, '我十岁了。'라고 하면 되겠네요.

> ※ 이때, 어른께 나이를 묻는 표현을 알려 주어도 좋다.
> 　'您多大年纪了?'
> 　단, 유의할 점은 : 어른께 나이를 물을 때는 '几'를 쓰지 않음을 알려 준다.
> 　('几'는 일반적으로 10미만의 적은 숫자를 예상하고 묻는 의문사)

▶ (플래시의 묵음기능을 사용하면서) 무슨 말을 하고 있을까요? 말해 보세요.
옆의 짝꿍과 나이를 묻고 대답해 보세요.
　　[이때 손가락으로 숫자를 표현하는 방법을 알려 주는 것도 학생들의 흥미를 유발하는 좋은 방법이다.]

비비기 (拌一拌)

■ 발음 요령

Z 설치음, 무기음

혀끝을 평평하게 늘려 이 뒷벽에 대었다가 떼면서 생기는 공간에서 발음한다. 입은 양 옆으로 당기면서 발음하되, 성대 진동은 없다.

C 설치음, 유기음

혀끝을 평평하게 늘려 이 뒷벽에 대었다가 떼면서 생기는 공간에서 발음한다. 이때 세게 파열하듯 내보내면서 발음한다. 입은 양 옆으로 당기면서 발음한다. 성대 진동은 없다.

S 설치음, 마찰음

혀끝을 이 뒷벽 가까이 두고 숨(공기)을 마찰시켜 발음한다. 입은 양 옆으로 당기면서 발음하되, 성대 진동은 없다.

■ 교사를 위한 발음지도 tip

기본 성조인 1성으로 기본 발음을 지도한 후, 관련 단어를 읽을 때는 원래 성조대로 읽는다. 한자와 뜻을 그림을 통해 이해시키시면 좀 더 재미있게 한자에 접근할 수 있다.

■ 참고 단어

Z	脏	zāng	더럽다	枣	zǎo	대추	再	zài	또, 다시
C	菜	cài	요리	餐	cān	음식	曹操	cáocāo	조조
S	送	sòng	보내다	酸	suān	시다	岁	suì	나이

곱배기 (再来一点)

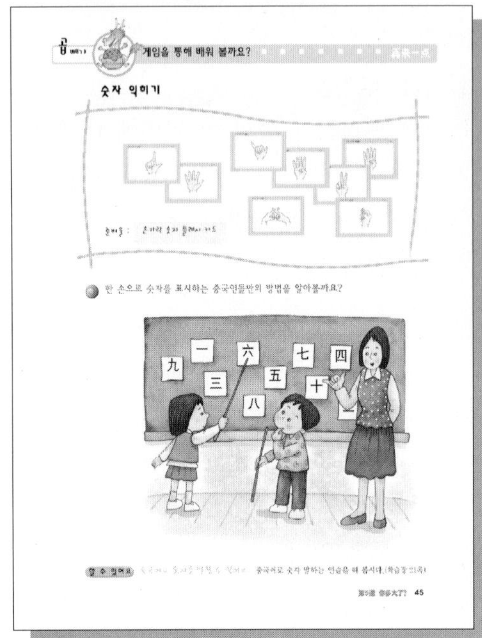

숫자 익히기

1. 활동 목표
한 손으로 숫자를 표시하는 중국인들만의 방법을 알아본다.

2. 준비물
손숫자 플래시 카드

3. 수신호 익히기
중국인들이 사용하는 수신호를 알아보자.
중국은 땅이 매우 넓어 언어도 무척 다양하다. 표준어를 사용하지 못하는 경우 말이 달라 서로 알아듣지 못하기도 하고, 같은 지역 언어를 쓰더라도 숫자 4와 10의 발음이 헷갈리기도 쉽다. 그래서 중국인들은 숫자 수신호를 이용해 왔다.

■ 카드 보여주기 게임

- 교사가 들려주는 숫자를 듣고 따라 말하며 해당하는 카드를 올려서 보여주기
- 교사가 보여 주는 숫자 수신호를 보고 해당 숫자를 말하면서 카드 올리기

■ 수신호 보여주기

- 교사가 말하는 숫자를 학생들이 수신호로 보여주기

■ 듣고 협동하여 손가락으로 숫자 만들기

- 교사가 말해 주는 숫자를 잘 듣고 그에 해당하는 숫자만큼 손가락을 들어올린다. 이때, 서로 말을 하지 않는다.

박수놀이 - 박수 익히기

무릎 1박, 박수 1박, 친구와 손뼉치기 1박
숫자를 말할 땐 친구와 손뼉을 친다.
拍手一, 拍手 一二, 拍手 一二三, 拍手 一二三四, 拍手 一二三四五, 拍手 一二三四五六, 拍手 一二三四五六七, ……拍手 一二三四五六七八九十까지 한 후 다시 1까지 거꾸로 진행한다.
익숙해지면 점점 빠르게 진행한다.

친구들의 전화번호를 알아 보자.

① 먼저 교사의 전화번호를 말한다. 제일 빨리 맞춘 친구에게 보상을 해 준다.

② 한 명씩 나와서 전화번호를 말하고 다른 학생들이 받아 적도록 한다.

리듬젓가락 (节奏筷子)

■ 리듬젓가락 내용 해석

한 명, 두 명, 세 명의 꼬마(어린 친구)
네 명, 다섯 명, 여섯 명의 꼬마
일곱 명, 여덟 명, 아홉 명의 꼬마
열 번째 꼬마가 일어납니다.

■ 리듬젓가락 지도하기

① 먼저 음악을 들려 준다.
② 들린 가사(말)를 말해 보도록 한다.
③ 숫자만 따라 불러 본다.
④ 한 소절씩 불러 본다.
⑤ 다시 들어 본다.
⑥ 한 소절씩 따라해 본다.
⑦ 전체를 다 같이 불러 본다.

■ 해 볼 만한 지도법

① 둥글게 앉아서 노래를 부르다가 열 번째 친구는 일어서기
② 뒷부분 명령어를 다른 내용으로 바꿔 부르고 따라하기
    예〉 坐下, 笑一笑 等等

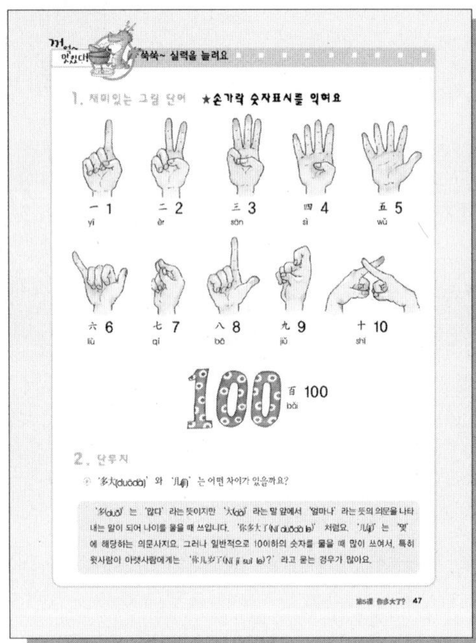

1. 재미있는 그림 단어

■ 손가락 숫자표시를 익혀요

- 一 yī 1
- 二 èr 2
- 三 sān 3
- 四 sì 4
- 五 wǔ 5
- 六 liù 6
- 七 qī 7
- 八 bā 8
- 九 jiǔ 9
- 十 shí 10
- 百 bǎi 백, 100 / 一百 yībǎi

■ 기타 숫자 / 보충 학습

- 千 qiān 천, 1000
- 万 wàn 만, 10000
- 亿 yì 억
- 兆 zhào 조

* '百, 千一, 万, 亿'을 중국어로 이야기할 때는 앞에 '一'를 붙인다.
    예) 一百, 一千, 一万, 一亿

note

수업을 더 재미있게 만드는 나만의 노하우

디저트(甜点心)와 교사를 위한 문화 지식

디저트 / 중국 사람들이 좋아하는 숫자는?

여러분은 어떤 숫자를 좋아하세요? 우리는 보통 영어의 영향으로 럭키 세븐(Lucky seven) '7'을 좋아하지요. 하지만 중국인은 '7'을 싫어한답니다. 왜냐면 화를 낸다는 뜻의 '气 qì'와 발음이 같다고 하여 좋아하지 않습니다. 즉 숫자의 발음과 발음이 유사한 다른 단어의 뜻과 연관지어 생각합니다.

중국인들이 가장 좋아하는 숫자는 '8'입니다. '8(八 bā)'의 발음이 돈을 많이 벌다는 뜻의 '发财 fācái'와 발음이 비슷하기 때문에 숫자 '8'은 행운의 숫자로 여겨지고 있습니다. 그래서 그런지 북경올림픽은 2008년 8월 8일 오후 8시에 개막식을 한다네요. 최근 중국 저장성(浙江省) 원저우시(温州市)에서 실시된 자동차 번호 경매에서 '浙C · 88888'라는 자동차 번호는 166만 위안, 우리 돈으로 약 2억원에 팔렸다고 합니다. 또한 '9'자도 좋아하는데 이는 '오래가다, 장수 하다'라는 뜻의 '久 jiǔ'와 발음이 같기 때문입니다. 제주도 관광협회가 중국인 남녀 99쌍을 초청, 지난 99년 9월9일 오전 9시9분9초에 합동결혼식 행사를 가졌던 것도 숫자 선호를 노린 관광전략이었습니다.

반면 가장 싫어하는 숫자는 죽음을 나타내는 한자 '死 sǐ'와 발음이 같은 '4(四 sì)'입니다.

손으로 숫자를 표현하는 방식도 우리와 조금 다른 데 아래 그림을 참고하여 어떻게 다른지 잘 살펴보시기 바랍니다.

문화지식 / 중국인과 숫자

중국인이 가장 좋아하는 숫자는 8이다. 8의 중국어 발음이 '돈을 벌다', '재산을 모으다' 라는 뜻의 '发财'의 '发'와 발음이 비슷하기 때문이다. 이 때문에 8자로 계속되는 전화번호, 차량 번호 등이 엄청난 프리미엄이 붙어 거래되기도 한다. 아래의 북경 시내 유명한 호텔 전화번호를 보면 중국인이 얼마나 8자를 좋아하는지 알 수 있다.

- 천륜왕조호텔(天伦王朝饭店)　　　　6513-8888
- 경광신세계호텔(京广新世纪饭店)　　6501-8888
- 우의호텔(友谊宾馆)　　　　　　　　6849-8888
- 수도호텔(首都宾馆)　　　　　　　　6512-9988
- 왕부호텔(王府饭店)　　　　　　　　6512-8899

8 다음으로 좋아하는 숫자는 9이다. '九'의 발음 이 '장수하다', '오래가다'의 뜻을 가진 '久'자와 발음이 같기 때문이다.

第六课　今天星期几? 오늘은 무슨 요일인가요?

49page

학습 목표

1. 숫자를 셀 수 있다.
2. 요일을 묻고 대답할 수 있다.

✓ 중심 표현과 단어

중심 표현　今天星期几?　　　　주요 단어　今天, 明天, 星期

✓ Daily Routin

老师	你们好!
学生	您好!
老师	今天天气很好。　今天几月几号?　今天是〇月△号。

Review

1. 짝꿍과 중국어로 인사하고, 이름 묻기를 해 본다.
2. 동물 카드와 과일 카드를 준비하여, ○○은 무엇인지 물어 본다. 정확하게 잘 대답하면, 이번에는 △△을 좋아하는지 싫어하는지 물어 본다.
3. 숫자를 복습해 본다. 손가락 표시법도 물어 본다. 친구와 나이를 묻고 대답한다.

무슨 맛일까 (闻一闻)

– 교사는 자유롭게 이야기할 수 있는 분위기를 조성하며 수업을 진행한다 –

- 즐거운 중국어 시간이 또 돌아왔습니다.
- 看一看图画吧。

  그림을 보세요. 무슨 이야기일까요?
- 쟈쟈는 참 바쁜 학생이예요. 시간표가 꽉 차 있네요.
- 좋습니다. 즐거운 중국어 회화시간, 지난 시간에는 나이를 묻고 대답했었죠?

  오늘은 '一二三四'등 숫자를 알아야 말할 수 있는, 요일을 묻고 대답하는 표현을 익혀 보도록 하겠습니다.

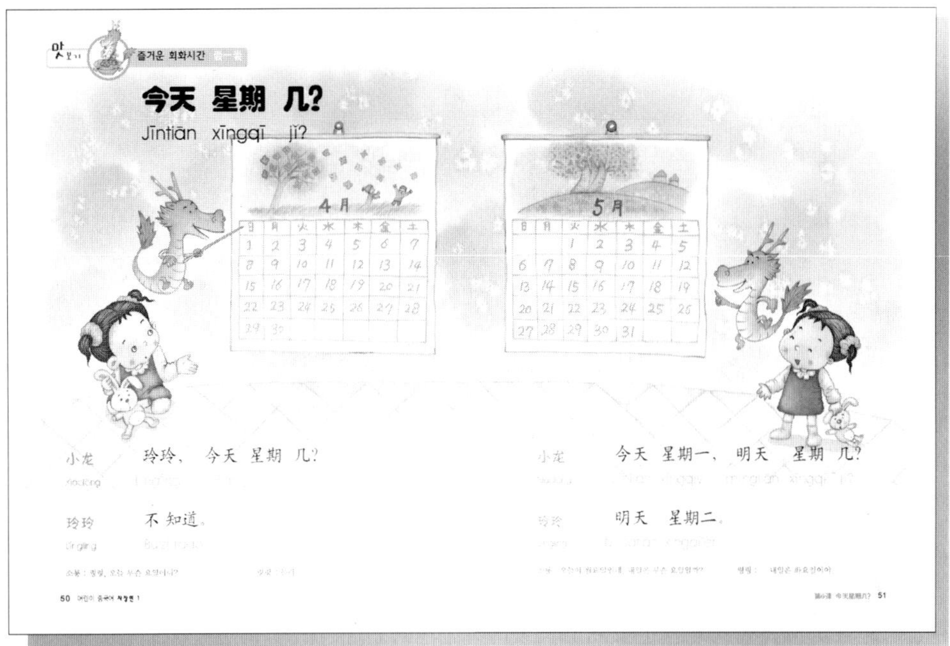

(1) 수업 진행

- 먼저 3,6,9게임을 통해 다시 한번 숫자를 복습한다 -

- 교재의 그림을 보도록 한다 -

▶ 교재 그림을 볼까요? '书上有什么人?' 책에 누가 있나요? 귀염둥이 '小龙,玲玲'이 있군요.

▶ '他们做什么?' 그들은 무엇을 하고 있나요?
  '看月历。' 달력을 보고 있군요. 그런데 '小龙教玲玲。' 샤오롱이 링링을 가르쳐 주고 있네
  요. 대화를 들어 볼까요?

- 녹음을 들려준다 -

▶ '你们听到什么内容? 说一说吧。' 어떤 내용을 들었나요? 얘기해 보세요.
  [학생들의 대답을 집중하여 듣는다.]

  '很好。' 참 잘했어요.

▶ 샤오롱의 질문을 잘 들어 볼까요? [샤오롱의 문장만 들려준다]
  뭐라고 얘기했나요? 맞습니다. '今天星期几?'라고 했어요.
  우리가 매일매일 연습하는 [Daily Routin]에 나오는 단어예요. '今天'은 '오늘'이라는 뜻입
  니다. '几'가 무엇일까요? '몇'에 해당하는 의문사입니다. 나이 묻는 표현은 뭐였더라. 그

렇습니다. '你几岁了? '였죠. '星期'는 '요일'이거든요. '星期几'하면 몇 요일, 즉, 무슨 요일인지를 묻는 표현입니다. 오늘이 '今天'이니까, '今天星期几? '는 '오늘은 무슨 요일입니까?'가 되겠죠.

　[내일 明天, 모레 后天, 어제 昨天 등도 알려 주고 바꿔 연습한다.]

▶ 그런데 링링은 뭐라고 했을까요? [링링의 문장만 들려준다] '不知道'라고 하네요. '知道'는 알다. '不를 붙이면 부정문이 되요. '不知道'는 '모르다' 라는 말이지요.

▶ 다음 小龙의 대화를 볼까요? [小龙의 문장만 들려 준다] '今天星期一,明天星期几?'라고 하는군요. 자! '几'대신에 월요일에는 숫자 '一'가 들어갔어요. 아시겠어요? 그럼 화요일은 뭘까요? 그렇죠! '星期二',그럼 수요일은?

　[위의 형식으로 토요일 까지 연습시킨다. 주의사항 : 일요일은 '星期天']

▶ 그럼 링링의 마지막 대화내용을 볼까요? [링링의 문장만 들려 준다] '明天星期二。' 아하! 링링은 이 규칙을 금방 알아챘군요. 그래서 링링이 바로 알았던 겁니다.

▶ 다시 한번 처음부터 살펴볼까요?
• 해석된 것만 보고 중국어로 말하세요.
• 1분단은 동동, 2분단은 링링을 해 보세요.
유의점 : 단, 일요일은 '星期天 xīngqītiān' 혹은 '星期日 xīngqīrì 라고 합니다.

note

더 재미있게 만드는 나만의 수업 노하우

비비기 (拌一拌)

■ 발음 요령

d　설첨음, 무기음
혀끝을 윗니 뒤쪽에 대었다 떼면서 나는 소리. 성대 진동은 없다.

t　설첨음, 유기음
혀끝을 윗니 뒤쪽에 대었다 떼면서 숨을 강하게 내보내며 발음한다. 성대 진동은 없다.

n　설첨음, 비음
혀끝을 윗니 뒤쪽에 붙이고, 숨을 코로 내보내며 발음한다. 성대를 진동시켜 발음한다.

l　설첨음, 측면음
혀끝을 윗잇몸에 붙이고 숨이 혀의 양쪽 사이로 나가도록 발음한다. 성대를 진동시켜 발음한다.

■ 교사를 위한 발음지도 tip

① 무기음과 유기음은 공기를 강하게 내뿜으며 하는 발음인지 아닌지의 차이이다. 학생들이 입 앞에 종이를 가져다 대고, 느껴볼 수 있게 한다.

② '용이 크다(lóng dà)', '할머니가 듣는다(nǎinai tīng)'처럼 이야기를 만들면서 알려 주면 좀더 쉽게 배울 수 있다.

■ 참고 단어

d	岛	dǎo	섬	等	děng	기다리다	电 diàn	전기
t	太	tài	매우	踢	tī	차다	天 tiān	하늘
n	那	nà	저것, 그것	男	nán	남자	鸟 niǎo	새
l	来	lái	오다	脸	liǎn	얼굴	六 liù	여섯, 6

곱배기 (再来一点)

오늘은 무슨 요일?

1. 활동 목표
요일을 자유롭게 묻고 대답할 수 있다.

2. 준비물
교재 부록의 달력이 그려진 활동판,
점수판, 바둑돌

3. 활동 방법
- 교재 부록의 달력 활동판을 오려 게임을 준비한다.
- 짝끼리 활동한다.
- 활동판 위에 바둑돌을 던진다.

- 바둑돌이 멈춰지면 짝에게 무슨 요일인지를 중국어로 물어 본다. "今天星期几?"
- 바르게 대답하면 점수를 얻는다.
- 번갈아가면서 바둑돌을 던지고 무슨 요일인지 묻고 답하여 본다.

※한 단계 수준 높이기 : 질문을 다양하게 할 수 있다.
   "明天星期几?"   "昨天星期几?"

워크북 / 동동의 일주일 - 오늘은 무엇을 하는 날인가요?

워크북 25쪽에 있는 동동의 일주일 시간표에 나와 있는 그림을 보고 먼저 교사가 질문한다.
학생들은 한국어로 대답한다.

※동동의 활동

星期一 : 游泳 yóuyǒng	星期二 : 打跆拳道 dǎ táiquándào
星期三 : 弹钢琴 tán gāngqín	星期四 : 去数学补习班 qù shùxué bǔxíbān
星期五 : 去英语补习班 qù Yīngyǔ bǔxíbān	星期六 : 玩电脑 wán diànnǎo
星期天 : 去公园 qù gōngyuán	

- 교사 : 星期一东东做什么?   학생 : 수영을 해요.
- 교사 : 对,星期一东东去游泳。

50

교사가 중국어로 다시 답을 확인해 주며, 학생들에게 다시 따라하기를 시킬 수도 있다.

교사가 동동의 하루를 말하면, 학생들이 해당 요일을 말합니다.

- 교사 : 今天,弹钢琴,今天星期几?　　　학생 : 星期三。
- 교사 : 做得很好。

■확인하기

아래에 있는 요일 쓰기를 통해 얼마나 익혔는지 확인해 볼 수 있습니다.

리듬젓가락 (节奏筷子)

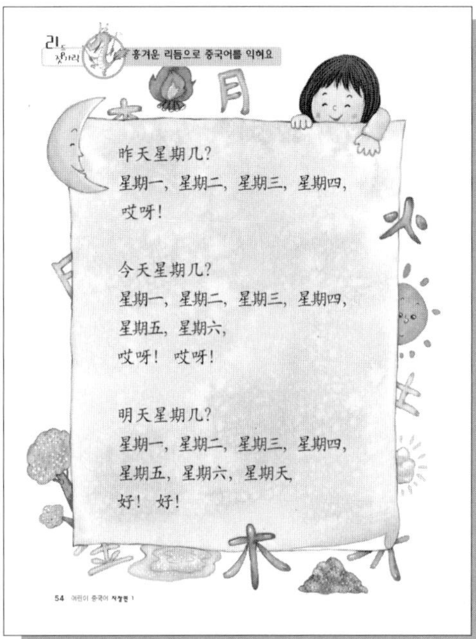

■리듬젓가락 내용 해석

어제는 무슨 요일이지?
월요일, 화요일, 수요일, 목요일,
에구!

오늘은 무슨 요일이지?
월요일, 화요일, 수요일, 목요일, 금요일, 토요일,
에구! 에구!

내일은 무슨 요일이지?
월요일, 화요일, 수요일, 목요일, 금요일, 토요일, 일요일,
좋아! 좋아!

■리듬젓가락 지도하기

① 함께 처음부터 끝까지 들어 본다.
② 들린 가사(말)를 말해 보도록 한다.
③ 첫 번째 부분만 들어 본다. 무슨 요일이 나왔는지, 어떤 요일이 아직 안 나왔는지를 묻는다.
④ 두 번째 부분만 들어 본다. 무슨 요일이 나왔는지, 어떤 요일이 아직 안 나왔는지를 묻는다.
⑤ 세 번째 부분을 들어 본다. 어떤 요일이 나왔는지를 묻는다.
⑥ 처음부터 끝까지 같이 불러 본다.

■해 볼 만한 지도법

① 감탄사를 실감나게 따라해 본다.
② 두 팀으로 나누어 묻고 답하기로 불러 본다. (이때 팀 대항을 시켜도 좋다.)

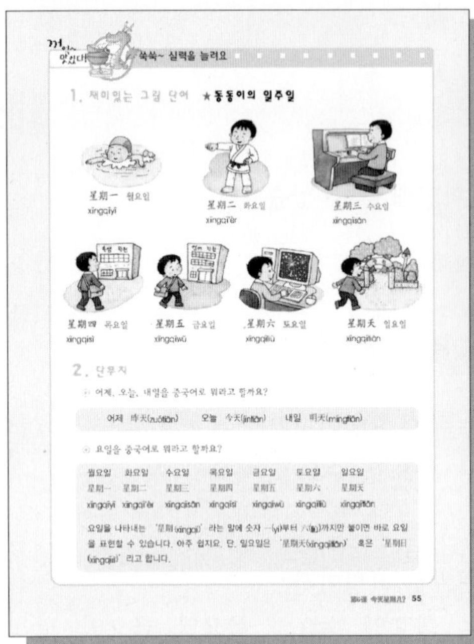

1. 재미있는 그림 단어

■동동이의 일주일

- 星期一 xīngqīyī 월요일
- 星期二 xīngqī'èr 화요일
- 星期三 xīngqīsān 수요일
- 星期四 xīngqīsì 목요일
- 星期五 xīngqīwǔ 금요일
- 星期六 xīngqīliù 토요일
- 星期天 xīngqītiān 일요일

■ 보충 학습

- 今天几月几号? Jīntiān jǐ yuè jǐ hào?
  오늘은 몇 월 며칠입니까?

2. 단무지(配菜)

■어제, 오늘, 내일을 중국어로 뭐라고 할까요?

그그저께	그저께	어제	오늘	내일	모레	글피
大前天	前天	昨天	今天	明天	后天	大后天
dàqiántiān	qiántiān	zuótiān	jīntiān	míngtiān	hòutiān	dàhòutiān

디저트(甜点心)와 교사를 위한 문화 지식

디저트 / 중국의 학생들은 중간에 눈체조를 해요

중국의 학생들은 매 교시마다 40분 동안 수업을 하는데, 수업에 집중하고 매우 열심히 공부합니다. 2교시 후 쉬는 시간에는 눈 건강 체조를 합니다. 긴장을 풀고 수업의 효과를 높이기 위해 눈 체조나 건강 체조 등을 하는 것입니다. 음악이 나오고 방송의 지시에 따라 눈을 감고 눈언저리, 머리, 코 부분을 꼭꼭 눌러주는 체조로 눈을 건강하게 한다고 하네요. 복도 중앙에는 붉은 띠를 어깨에 두르고 이 시간에 복도를 다니지 못하도록 감독하는 학생들도 있답니다.

초등학교는 '샤오쉐(小学)'라고 하는데 농촌 지역에서는 6년 과정을 4년 내지 5년에 끝내는 곳도 아직 있다고 합니다. 중학교는 '추쫑(初中)'이라고 하며 고등학교는 '까오쫑(高中)'이라고 합니다.

도시 지역의 초등학교는 등하교 시간에는 아이를 데리고 오거나 마중 나온 부모나 할아버지 할머니들로 북새통을 이루고 학교 앞 도로가 꽉 막히는 교통체증 현상을 종종 볼 수 있습니다. 자식에 대한 부모의 사랑은 우리 못지않습니다.

중국 역시 입시에 대한 학생들의 부담은 매우 큽니다. 중국은 중학교나 고등학교에 진학할 때도 시험을 치뤄 들어가기 때문에 어릴 때부터 중고등학교 진학을 위해 우리나라의 대학입학 시험과 견줄 만큼 엄청난 노력과 투자를 합니다.

문화지식 / 중국의 학제 - 중국의 교육제도

중국의 교육체계는 한국의 교육체계와 비슷한 6년의 초등교육과 중등교육 과정을 기초로 하여 종합대학이나, 일반 대학으로 진학한다. 학부 과정은 4년이며 의과대학이나 일부의 공과대학에서는 6년의 교육기간을 가지고 있다.

현재 중국 대학입학시험은 매년 7월 국가교육위원(NATIONAL EDUCATION COMMITTEE : 우리나라의 교육부에 해당)의 주관 하에 실시되는 전국 통일 입학시험을 통해 대학 정원인 약 60만 명을 선발한 후 그 성적순에 따라 희망하는 학교를 배정하는 입시제도를 가지고 있다.

대학(大学) : 대학으로 불리는 학교는 우리의 종합대학에 해당한다.

학원(学院) : 중국의 대학 가운데 학원으로 불리는 학교는 우리의 단과대학에 해당한다.

전과학원(专科学院): 우리의 전문대학에 해당하는 학교, 보통 2~3년 정도 다니게 된다.

중국의 학기도 1년에 2학기로 되어있지만 우리나라와는 다르게 1학기는 매년 9월부터 다음해 1월까지, 2학기는 2월 중순부터 7월 하순까지이다.

초등학교는 '小学'라고 하는데 대부분 지방 정부가 설립하였으나 간혹 기업과 개인이 설립

한 학교도 있다. 농촌지역에서는 6년 과정을 4년 내지 5년에 끝내는 곳도 아직 있다고 한다. 중학교는 '初中'이라고 하며 고등학교는 '高中'이라고 한다 일반계고등학교 외에 직업훈련 학교와 중등전문학교도 있다.

중국에는 상급학교로 진학할 때 입학시험이 있어서 중학교와 고등학교 입시경쟁이 대단히 치열하며 우리나라의 대입시험과 견줄 만큼 엄청난 노력과 투자를 한다.

他是谁? 그녀는 누구인가요?

학습 목표 가족 구성원을 말할 수 있다.

✓ 중심 표현과 단어

중심 표현	他是谁? 你家有什么人?
주요 단어	谁, 爸爸, 妹妹, 妈妈

✓ Daily Routin

老师	你们好!
学生	您好!
老师	你喜欢汉语吗? 汉语难吗?
学生	很难, 可是很有意思。

Review

1. 인사하기, 이름 묻기를 하고, 동물 카드와 과일 카드로 단어를 다시 한번 익힌다.
2. 숫자를 복습하고, 나이와 요일을 묻고 대답한다

무슨 맛일까 (闻一闻)

– 교사는 자유롭게 이야기할 수 있는 분위기를 조성하며 수업을 진행한다 –

- 즐거운 중국어 시간이 또 돌아왔습니다.
- 你们喜欢照相吗? 여러분 사진찍기 좋아하나요?
- 동동이의 가족 사진이네요. 爸爸, 妈妈, 奶奶, 玲玲이 있군요.
- 즐거운 중국어 회화시간, 오늘은 가족을 소개하는 방법을 배워 보도록 하겠습니다.

맛보기 (尝一尝)

(1) 수업 진행

▶ '爸爸'가 무엇일까요? / 아빠요~.
그럼 '妈妈'는 무엇일까요? / 엄마요~!
맞아요. 배우지 않았는데도, 엄마와 아빠의 발음은 왠지 익숙하죠? 전 세계가 다 발음이 비슷한 걸 보면 참 신기해요. 그렇지요?

– 교재의 그림을 보도록 한다 –

▶ '书上有什么人？' 책에 누가 있나요?
: 东东, 佳佳, 小龙, 玲玲

▶ '他们做什么？' 그들은 무엇을 하고 있나요?

– 대화 내용을 들려준다 –

▶ '你们听到什么内容？ 说一说吧。' 어떤 내용을 들었나요? 얘기해 보세요.
[학생들의 대답을 집중하여 듣는다.]

'很好。' 참 잘했어요. 점점 듣기 능력이 향상되고 있는걸요?

▶ 주요 단어 먼저 알려 줄 테니 그 단어들에 집중하면서 다시 한번 들어 보도록 해요.
[단어를 알려 준다. (谁 : 누구, 妹妹 : 여동생, 家 : 집)]

56

– 대화 내용을 다시 한번 들려준다 –

▶많이 알아들었나요? '那么跟老师一起读吧。' 그럼 선생님을 따라 읽어 볼까요?
잘했어요.
[이때, 가족이 그려진 그림 카드를 통해, 아빠, 엄마, 형(오빠), 언니(누나), 남동생, 여동생 등을 복습한다.]

(2) 단어와 어법 설명

▶내용을 살펴보겠습니다.
쟈쟈가 공원에서 재미있게 놀고 있는 여자아이를 가리키며 동동에게 묻고 있네요. '你'는 뭐죠? '你'는 '너'였죠. '他'는 '그'입니다. '她'는 '그녀' 즉, 여자를 가리키는 말이구요. '谁'는 '누구'라는 의문사예요. 그래서 '她是谁?'하면 '그녀는 누구입니까?'가 되겠군요.

▶东东이 대답하네요. '妹妹', 즉 '여동생'이라구요.
'家'는 '집'이예요. '有'는 '있다'구요. '你家 너의 집'에는 '有'있다. '什么人 무슨 사람, 어떤 사람'. 즉, 집에 누가 계신지를 묻는 표현이군요. 동동이 대답합니다. '엄마 妈妈', '아빠 爸爸', '여동생 妹妹' '그리고 和' '나 我'라구요.

(3) 역할놀이

이젠 완벽하게 이해되셨죠?
• 등장인물이 아무 말도 하지 않는 플래시를 보고 학생들이 해 보도록 한다.
• 학생 4명을 선발하여 연극하듯 해 보도록 한다.

note

수업을 더 재미있게 만드는 나만의 노하우

비비기 (拌一拌)

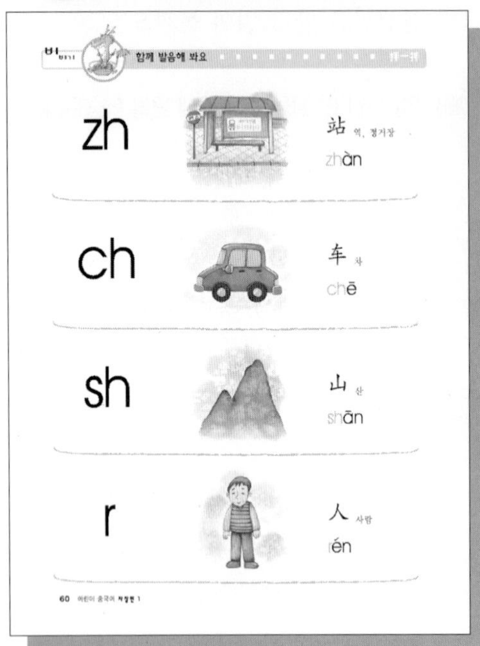

■ **발음 요령**

zh 교설음, 무기음
혀끝을 곧추세우고, 혀끝을 윗니 뒷잇몸에 가졌다 떼면서 나는 공간으로 마찰시켜 발음한다.

ch 교설음, 유기음
혀끝을 곧추세우고, 혀끝을 윗니 뒷잇몸에 가졌다 떼면서 나는 공간으로 마찰시키며 공기를 강하게 내뱉으며 발음한다.

sh 교설음, 마찰음
혀끝을 곧추세우고, 혀끝을 윗니 뒷잇몸에 대지 않고 숨을 마찰시켜 발음한다.

r 교설음, 마찰음
혀의 위치는 'sh'과 같게 하고, 숨을 내보내는 마찰음도 'sh'보다 크게 하여 성대를 진동하여 발음한다.

■ **교사를 위한 발음지도 tip**

혀를 지나치게 말아 올리지 않도록 지도한다.

■ **참고 단어**

zh	这 zhè 이것	真 zhēn 진짜로	纸 zhǐ 종이
ch	吃 chī 먹다	长 cháng 길다	春 chūn 봄
sh	傻 shǎ 어리석다	上 shàng 위	蛇 shé 뱀
r	热 rè 덥다	肉 ròu 고기	入 rù 들어가다

58

곱빼기 (再来一点)

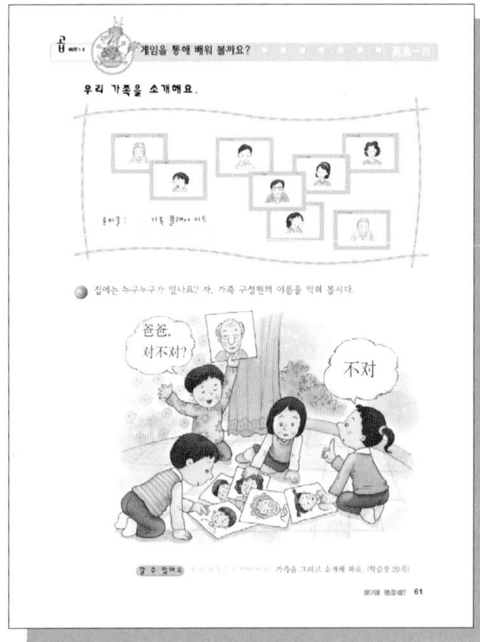

우리 가족을 소개해요

1. 활동목표
중국어로 가족을 말할 수 있다.

2. 준비물
플래시카드

3. 활동 방법

■1단계 : 먼저 단어를 익혀 봅시다.

카드를 한 장씩 짚으면서 단어를 따라 한다. 무조건 따라 말하기를 하고, 그 다음엔 "아빠는 뭐라고 부르나요?"와 같은 질문을 하면서 카드를 찾고 대답을 해 볼 수 있도록 지도한다.

■2단계 : 보여 주세요!

교사가 말하는 단어를 듣고 따라 말하면서 해당 카드를 찾아 보여 준다.

■3단계 : 对不对 게임

- 모둠을 지어 앉는다.(4인정도)
- 한 친구가 카드를 머리 위에서 섞는다. 다른 친구들이 카드를 볼 수 있게 한다.
  * 이때 본인은 자기 머리 위에 카드가 있으므로 볼 수 없다.
- 친구들에게 "爸爸, 对不对?"하고 묻는다.
- 맞으면 "对", 틀리면 "不对"라고 말해 준다.
- 카드 한 장당 세 번의 기회를 준다.
- 일정 시간 내에 가장 많이 맞춘 친구를 찾거나, 8장의 카드 중 가장 많은 카드를 맞춘 친구에게 보상을 해 준다.

워크북 / 가족 소개하기

워크북 29쪽에 가족 그림을 그리고 간단한 문장을 쓰도록 지도한다.
문장 쓰기를 할 때는 가족을 지칭하는 단어만 쓰면 된다.

59

 리듬턴가락 (节奏筷子)

■ 리듬젓가락 내용 해석

아빠, 사랑해요!
엄마, 사랑해요!

언니(누나), 사랑해요!
여동생, 사랑해요!
형(오빠), 사랑해요!
남동생, 사랑해요!

나는 그들을 사랑해요,
그들도 나를 사랑하죠.
정말 행복해요.

■ 리듬젓가락 지도하기

① 함께 노래를 들어 본다.
② 내가 들은 단어를 말해 본다.
③ "我爱你!"는 무슨 뜻인지 물어 본다.
④ 노래를 다시 들으면서 따라 불러 본다.
⑤ 다같이 불러 본다.

■ 해 볼 만한 지도법

한 명씩 돌아가면서, 호칭 부분을 부르고, 나머지 친구들이 함께 "我爱你! " 부분을 불러 본다.
(호칭 한 번 더 익히기)

1. 재미있는 그림 단어

■ 쟈쟈네 가족

- 爸爸　bàba　아빠
- 妈妈　māma　엄마
- 哥哥　gēge　형/오빠
- 姐姐　jiějie　언니/누나
- 弟弟　dìdi　남동생
- 妹妹　mèimei　여동생
- 奶奶　nǎinai　할머니
- 爷爷　yéye　할아버지

■ 보충 단어

- 伯伯　bóbo　큰아버지(伯父)
- 阿姨　āyí　이모
- 姑姑　gūgu　고모(姑母)
- 叔叔　shūshu　작은아버지(叔父)

note

수업을 더 재미있게 만드는 나만의 노하우

디저트(甜点心)와 교사를 위한 문화 지식

디저트 / 중국의 가족 문화

여러분 '소황제'라는 말 들어 보셨나요? 중국은 인구가 너무 많아 1980년부터 '한 자녀 낳기 운동'을 시작했습니다. 이때 태어난 아이들은 온 집안의 귀여움과 보살핌을 한 몸에 받기 때문에 마치 작은 황제(소황제) 같다는군요. 아빠, 엄마, 할아버지, 할머니, 외할머니 외할아버지 6명의 가족이 한 자녀를 보살피기 때문에 '여섯 식구 중의 하나'라고도 합니다.

한 가정 한 자녀 인구정책에도 불구하고 둘째를 낳을 경우, 국가에 많은 돈을 내야하고 각종 국가의 혜택을 받을 수 없기 때문에 나라에 출생신고를 하지 않고 몰래 키우는 아이도 있습니다. 중국 인구의 정확한 조사가 어려운 이유 중에 하나가 이렇게 호적에 올리지 않고 자라는 아이들이 많기 때문이라는 말도 있습니다.

현재의 '소황제'들은 이미 9,000만 명이 넘었다고 합니다. 이들 소황제들은 가정에서 지나치게 귀여움과 보살핌을 받은 나머지 버릇없는 행동을 하는 아이가 많아 사회적인 문제점으로 나타나기도 합니다.

1980년 이후에 태어난 소황제들이 이제 성장하여 중국사회와 소비시장의 주도층으로 자리를 잡았는데 무려 4억 8,000만 명이나 된다고 합니다. 이들은 우리의 문화에 심취되어 한국문화를 좋아하는 '한류'현상을 만들어 우리의 수출품이 아주 잘 팔린다고 합니다. 이런 영향은 중국이 우리나라 최대 무역국이 되는 데에 보탬이 되고 있습니다.

문화지식 / 한류

중국어에서 'hánliú'라고 말하면 원래는 '寒流(온도가 비교적 낮은 해류나 한파)'를 떠올리는 말이었지만, 지금은 '韓流 한류'를 떠올리게 되었다. 한류는 중국과 동남아의 화교권에서 일어나고 있는 한국 대중 문화 열기를 뜻한다. 1996년 드라마가 처음으로 중국에 수출된 후로 한국 대중문화는 98년부터 가요 쪽으로 확대되었고 2000년 2월 우리 그룹 H.O.T 의 베이징 공연을 계기로 중국 언론에서 '한류'라는 단어를 쓰기 시작했다. 최근에는 중국 뿐만 아니라 타이완(台湾), 홍콩, 베트남, 태국, 필리핀, 인도네시아 등 동남아 일대에서 한류 열풍이 불고 있다.

중국 통계국이 25개 대학 학생들을 상대로 한 여론조사 결과, '한국 하면 가장 먼저 떠오르는 것이 한국 가요'라는 응답을 하였다고 한다. 또한 '韓流'에 집착하는 젊은이들을 가리키는 '哈韓族 합한족'이라는 새로운 말이 생겨났다. 뿐만 아니라 이들 젊은이들은 대부분 중국 상류층의 자녀라는 특징을 가지고 있다. 한류의 영향은 드라마나 가요의 수출뿐만 아니라, 그것에 이어서 한국 연예인들의 광고 출연, 한국 제품들의 판매 증가 등 경제적인 효과가 있으며 한국에 대해 알고 관심갖는 사람들이 늘어나는 효과도 보고 있다.

第八课　我的眼睛　나의 눈

학습 목표　신체 부위를 말할 수 있다.

✔ 통님 표현과 단어

중심 표현　　我的〇〇很漂亮。

주요 단어　　眼睛, 鼻子, 嘴

✔ Daily Routin

老师	你们好!
学生	您好!
老师	你喜欢汉语吗? 汉语难吗?
学生	很难, 可是很有意思。

Review

1. 가족 사진을 보여 주고, 중국어로 가족을 대답한다.
2. 숫자를 복습하고, 나이와 요일을 묻고 대답한다.

무슨 맛일까 (闻一闻)

– 교사는 자유롭게 이야기할 수 있는 분위기를 조성하며 수업을 진행한다 –

- 즐거운 중국어 회화시간~. 오늘은 무슨 재미있는 내용을 배울지 상상해 볼까요?
- 와! 정말 재미있게 생긴 친구들이 있군요. 표정도 참 재미있고, '眼睛' 눈도 하나, '看看它的鼻子' 코 좀 보세요!
- 오늘 배울 내용 무엇인지 알겠죠? 맞아요. 오늘은 신체 부위에 대해 공부해 보도록 해요.

(1) 수업 진행

▶오늘은 플래시 화면을 먼저 볼까요?

– 화면을 보여 준다 –

▶'书上有什么人?' 책에 누가 있나요?
: 小龙

▶'他做什么?'그는 무엇을 하고 있나요?
: '他在看自己。' 그는 거울을 통해 자기 자신을 보고 있는 중인가 봐요. 그런데 그 옆의 동동과 쟈쟈의 표정이 어째 심상치가 않은데요. 왜 그럴까요?
[학생들의 대답을 유도한다.]

아마 샤오롱이 왕자병에 걸렸나 봐요. '漂亮'은 '아름답다' 혹은 '예쁘다'라는 뜻이거든요.

▶도대체 무슨 얘기를 하고 있는지 한 문장씩 따라 읽어 볼까요?
[한 문장씩 따라 읽힌다.]

어떤 내용을 들었나요? 얘기해 보세요.
[학생들의 대답을 집중하여 듣는다.]

'很好。' 참 잘했어요.

64

먼저 선생님과 함께 신체 부위를 배워 볼까요? (눈을 가리키며) '这是什么? 这是眼睛。'
[마찬가지로 신체 부위를 가리키며 눈 眼睛, 코 鼻子, 입 嘴, 귀 耳朵, 배 肚子 등 중국어 발음을 익힌다.]

▶이제 다시 한번 플래시를 볼까요?

– 대화 내용을 들려준다 –

귀에 쏙쏙 들어오죠? '那么跟老师一起读吧。' 그럼 선생님을 따라 읽어 볼게요.
[교재를 따라 읽도록 한다.]

(2) 단어와 어법 설명

▶내용을 살펴볼까요?
'我'는 뭐죠? 그렇죠. '나'입니다. '的'는 '…의'라는 뜻으로 뒤에 있는 명사를 꾸며주는 말입니다. '漂亮'은 '예쁘다'라는 뜻이구요. '我的眼睛很漂亮'은 '나의 눈은 아주 예뻐'가 되겠군요.
코를 보고도 예쁘다고 하네요. '…도, …역시, …또한'은 중국어로 '也'랍니다. 그래서 '나의 코도 역시 예뻐' 하면 '我的鼻子也很漂亮。' 그럼 '나의 입 역시 예뻐'는 뭘까요?(시켜봐도 좋습니다.) '我的嘴也很漂亮。'
▶小龙의 이런 모습을 보고, 东东과 佳佳가 매우 어이없어 하는군요.
그럼 옆의 친구에게 나의 눈, 코, 입이 예쁘다고 한번 얘기해 줘 보세요.
참 잘했어요. 친구들 표정이 떨떠름하군요.

▶마지막으로 화면만 나오는 플래시로 학생들이 연습해 보도록 한다.
[플래시의 화면을 클릭하며 한 문장씩 들으며 따라해 보도록 한다.]

 비비기 (拌一拌)

■ 발음 요령

g 설근음, 무기음
혀뿌리를 들어오려 입천장 뒤쪽(연구개-여린입천장)에 붙였다 떼면서 발음한다.

k 설근음, 유기음
혀뿌리를 들어오려 입천장 뒤쪽(연구개-여린입천장)에 붙였다 떼면서 숨을 세게 파열시키듯이 내보내면서 발음한다.

h 설근음, 마찰음
혀뿌리를 여린입천장 뒤쪽에 가깝게 하여 혀뿌리와 입천장 사이로 숨을 마찰시켜 내보내면서 발음한다.

■ 교사를 위한 발음지도 tip

① 설근음을 지도할 때 발음이 나는 위치를 강조하며 아래의 연습을 시키면 재미도 있고, 학생들이 정확한 발음 위치를 익히는 데도 도움이 된다.
　＊ ㅎㅎㅎㅎㅎ…흑판 (마치 가래 끓는듯한 소리가 난다고 하면 더 좋아한다.)

② '哥哥喝可乐。 형(오빠)이 콜라를 마신다'로 연결시켜 가르쳐도 흥미를 유발시킬 수 있다.

■ 참고 단어

g	高 gāo 높다	给 gěi 주다	狗 gǒu 개
k	开 kāi 열다	看 kàn 보다	快 kuài 빠르다
h	好 hǎo 좋다	花 huā 꽃	红 hóng 붉다

66

곱빼기 (再来一点)

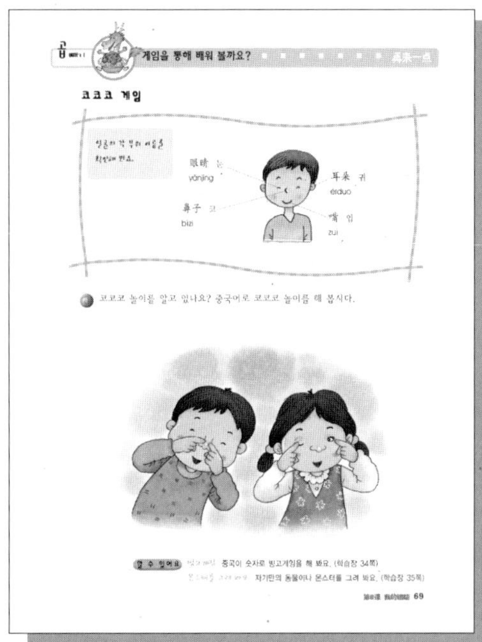

코코코 게임

1. 활동 목표
'코코코 게임'을 중국어버전으로 해 보면서 얼굴 부위의 명칭을 익힌다.

2. 활동 방법
① 학생들에게 얼굴 부위의 각 명칭을 알려 준다.
② 2명이 짝을 이룬다.
③ 코를 가리키면서 '鼻子, 鼻子, 鼻子'하다가 눈을 가리키면서 '嘴'라고 말하는 순간, '嘴'를 듣고 입을 가리켜야 한다.

워크북 / 몬스터 그리기

워크북 35쪽에 몬스터를 그려보고, 발표하도록 한다.
① 몬스터를 그릴 때 아이들이 자유롭게 상상하여 그릴 수 있도록 한다.
② 그림을 그린 후 그 몬스터는 눈이 몇 개인지, 입이 몇 개인지 몬스터에 대한 설명을 쓰고, 친구들 앞에서 설명할 수 있도록 한다.

note

수업을 더 재미있게 만드는 나만의 노하우

리듬젓가락 (节奏筷子)

■ 리듬젓가락 내용 해석

눈은 보고,
코는 맡고,
귀는 듣고,
입은 맛본다.

눈은 보고,
코는 맡고,
귀는 듣고,
입은 맛본다.

■ 리듬젓가락 지도하기

① 노래를 들어 본다.
② 내가 들은 단어를 말해 본다.
③ 노래를 다시 들으면서 해당하는 얼굴의 부위를 짚어 보도록 한다.
④ 같이 명칭을 확인해 본다.
⑤ 노래를 들으며 따라 불러 본다.
⑥ 다같이 불러 본다.

■ 해 볼 만한 지도법

질문과 대답 파트로 나누어 불러 본다. 맨 뒷부분은 다같이 부른다.

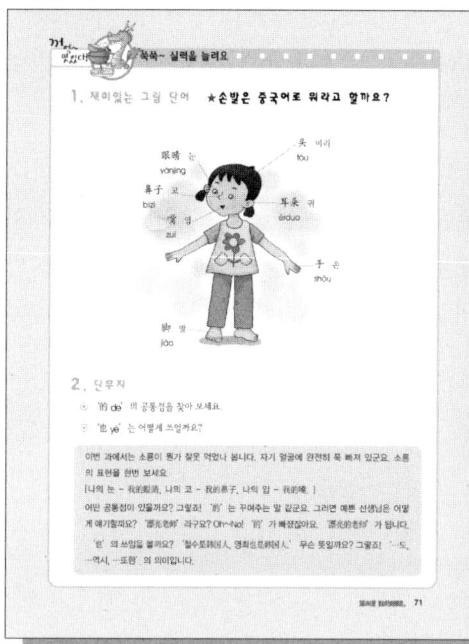

1. 재미있는 그림 단어

■ 손발은 중국어로 뭐라고 할까요?

- 头 tóu 머리
- 眼睛 yǎnjing 눈
- 鼻子 bízi 코
- 耳朵 ěrduo 귀
- 嘴 zuǐ 입
- 手 shǒu 손
- 脚 jiǎo 발

■ 보충 단어

- 肚子 dùzi 배
- 眉毛 méimáo 눈썹
- 鼻涕 bítì 콧물
- 鼻孔 bíkǒng 콧구멍

디저트(甜点心)와 교사를 위한 문화 지식

디저트 / 중국의 4대 미인은 누구누구일까요?

중국 역사 속의 4대 미인은 춘추전국시대의 서시, 한나라의 왕소군, 삼국시대의 초선, 당나라의 양귀비입니다. 예로부터 '나라가 기울 정도로 예쁘다(경국지색 傾國之色)'라는 말로 여성의 아름다움을 칭송하기도 하였습니다.

서시(西施) : 서시는 춘추전국시대 말기 월나라 사람입니다. 어느 날 서시가 맑은 강물을 보고 있었는데, 아름다운 서시를 본 물고기가 헤엄치는 섯을 잊고 강바닥으로 가라앉있습니다. 이 때부터 서시는 '가라않는 물고기'라는 별명을 얻었습니다. 당시 월나라는 오나라에게 패했는데, 전쟁에 진 월나라는 미인계를 쓰려고 서시를 오나라에 보냈습니다. 오나라 왕은 서시의 미모와 재능에 사로잡혀 정치를 돌보지 않게 되어 결국 월나라에 패망하게 되었다고 합니다.

왕소군(王昭君) : 한나라 원제는 북쪽의 흉노와의 화친을 위해 왕소군을 선발하여 선우와 결혼을 하게 하였습니다. 집을 떠나가는 도중 멀리 날아가는 기러기를 보던 왕소군은 고향 생각이 나서 금(악기)을 연주하였습니다. 그러자 한 무리의 기러기가 그 소리를 듣고는 날개 움직이는 것 조차 잊고 땅으로 떨어져 내렸다고 합니다. 이 때부터 왕소군은 '떨어지는 기러기'라는 별명을 얻었습니다.

초선(貂蟬) : 삼국시대의 초선은 한나라 대신 왕윤(王允)의 양녀로 미모가 뛰어날 뿐 아니라 노래를 잘 부르고 춤도 잘 추었습니다. 어느 날 저녁 초선이 화원에서 달을 보고 있을 때, 구름 한 조각이 달을 가리는 것을 보고 왕윤이 말하기를 "달도 내 딸에게는 비할 수 없구나. 달이 부끄러워 구름 뒤로 숨는구나."고 하였고 이때부터 초선은 '가리워진 달'이라고 불리게 되었습니다.

양귀비(杨贵妃) : 당나라의 양귀비는 본명이 '양옥환'입니다. 양귀비는 당나라 명황제(唐明皇)에게 선택되어 궁으로 들어온 후로 하루 종일 우울했습니다. 어느 날 그녀가 화원에 가서 꽃을 감상하며 우울함을 달래다가 무의식 중에 함수화(含羞花)를 건드렸습니다. 함수화는 바로 잎을 말아 올렸습니다. 이를 본 명황제는 양귀비를 '꽃을 부끄럽게 하는 아름다움'이라고 불렀답니다.

第九课　　谢谢!　고맙습니다!

학습 목표
1. 감사인사를 할 수 있다.
2. 감사인사에 대한 대답을 할 수 있다.

✔ 중심 표현과 단어

중심 표현　谢谢, 不用谢　　　　주요 단어　谢, 不用, 送, 真的

✔ Daily Routin

老师	你们好!
学生	您好!
老师	你喜欢汉语吗? 汉语难吗?
学生	很难, 可是很有意思。

Review

1. 가족 사진을 보여주고, 중국어로 가족을 대답한다.
2. '코코코'게임을 통해 신체 부위를 복습한다.

무슨 맛일까 (闻一闻)

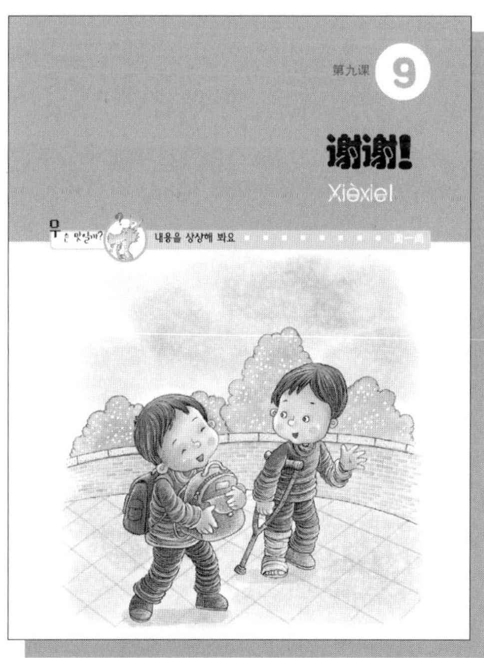

– 교사는 자유롭게 이야기할 수 있는 분위기를 조성하며 수업을 진행한다 –

• 오늘은 무엇을 배워 볼까요? 기대되는 중국어회화시간~ 먼저 그림을 보겠습니다.
• 어머! 정말 착한 학생이예요. 다리를 다친 친구의 가방을 들어주고 있네요. 이렇게 도움을 받으면 참 고맙겠지요? 중국어로는 뭐라고 고마운 마음을 표현해야 할까요? 그렇죠. 우리가 흔히 '쎄쎄'라고 알고 있는 '고맙다'는 말을 하겠죠?
• 오늘은 감사의 표현과 그에 대한 대답은 어떻게 하는지 알아보도록 하겠습니다.

맛보기 (尝一尝)

(1) 수업 진행

▶먼저 그림을 볼까요?

– 그림을 보도록 한다 –

▶'书上有什么人？' 책에 누가 있나요?
　 : 东东, 佳佳, 小龙

▶'东东做什么?' 그는 무엇을 하고 있나요?
　동동이 쟈쟈에게 선물을 주고 있어요. 쟈쟈는 좋겠는걸요. 두 친구가 무슨 얘기를 하고 있
　는지 선생님을 따라 한번 읽어 볼까요?
　　[한번 따라 읽혀 본다.]

▶'你们听到什么内容？　说一说吧。' 어떤 내용을 들었나요? 얘기해 보세요.
　　[학생들의 대답을 집중하여 듣는다.]

　'很好。' 참 잘했어요. 오늘 내용은 정말 간단하군요.

72

(2) 단어와 어법 설명

▶ 그럼 내용을 자세히 살펴보겠습니다.

东东이 佳佳에게 '선물 礼物'를 줍니다.

'送给'는 '…에게 주다'라는 말이예요. '送给你'는 '너에게 줄게'라는 말이죠.

佳佳가 깜짝 놀라며 뭐라고 대답했을까요? '정말? 고마워'쯤이 아니었을까요? 정확한 지적!

'真的吗?'는 '진짜로?, 정말?' '谢谢'는 '고마워'가 됩니다.

대답할 때는 '不用谢 고마워 할 필요없어요' 혹은 '不客气 별 말씀을요' 등으로 하시면 됩니다.

다시 한번 본문을 플래시로 살펴볼까요?

– 녹음을 다시 한번 들려준다 –

▶ 너무 쉽죠?

- 교사가 옆의 물건 중 아무 것이나 집어서 한 학생에게 주면서 이야기한다. '送给你。'

- 학생이 멍하니 있다면, '谢谢'라고 말할 수 있도록 지도한다.

(3) 역할놀이

▶ 옆 짝꿍과 좋은 선물을 한번 주고받아 보세요.
[두 명이 동동과 쟈쟈가 되어 대화를 해 보도록 한다.]

이제 여러분이 동동을 해 보세요. 제가 쟈쟈를 해 보죠.
[역할을 바꿔서도 대화를 해 본다.]

오늘도 참 잘했어요.

note

수업을 더 재미있게 만드는 나만의 노하우

비비기 (拌一拌)

■ 발음 요령

j 설면음, 무기음
혀끝을 아랫니 뒤쪽에 대고, 혀는 최대한 아래쪽으로 내리고, 입을 양쪽으로 당기면서 발음한다.

q 설면음, 유기음
혀의 위치와 모양은 'j'와 같지만, 숨을 좀 더 강하게 내뱉으면서 발음한다.

x 설면음, 마찰음
혀는 최대한 아래쪽으로 내리고, 혓바닥 앞부분과 아랫니 사이의 공간으로 숨을 마찰시켜 발음한다.

■ 교사를 위한 발음지도 tip

'j, q, x'를 처음 발음지도할 때는 입을 양옆으로 많이 벌릴 수 있도록 지도한다.

■ 참고 단어

j	鸡	jī	닭	九	jiǔ	아홉, 9	家 jiā	집
q	千	qiān	천, 1000	青	qīng	푸르다	球 qiú	공
x	西	xī	서쪽	下	xià	아래쪽	象 xiàng	코끼리

곱빼기 (再来一点)

1. 활동 목표

카드 게임을 통해 단어를 다양한 방법으로 익혀 필요한 단어를 말할 수 있다.

2. 준비물

사탕이나 초콜릿

[학생들이 준비해 오도록 한다. 간혹 안 가져오는 아이들을 위해 교사가 조금 준비해 두면 좋다.]

2. 활동 방법

① 친구들과 함께 선물을 주고받는다.

② 선물을 줄 때는 뭐라고 말하는지 묻는다. / 送给你!

③ 친구에게 선물을 받았을 때는 뭐라고 답하는지 묻는다. / 谢谢!

④ 친구가 고맙다고 말하면 어떻게 말하는지 묻는다. / 不用谢!

⑤ 그럼 친구들과 함께 선물을 주고받아 보도록 한다.

　　단, '送给你!, 谢谢!, 不用谢! '를 말하지 못하면 선물을 줄 수도, 받을 수도 없도록 한다.

워크북 / 만화이야기 완성

• 워크북 37쪽의 만화이야기를 읽고 혼자서 이야기를 완성해 보도록 한다.

　[평가로 대신할 수 있다. 이 때는 반드시 적절한 대사를 중국어로 써 넣도록 한다. 잘 모르는 경우에는
　　한어병음을 쓸 수 있다.]

리듬젓가락 (节奏筷子)

■리듬젓가락 내용 해석

너에게 줄게.
정말이야? 고마워

고마워, 괜찮아.(고마워할 것 없어)
미안해, 괜찮아.

■리듬젓가락 지도하기

① 노래를 들어 본다.
② 내가 들은 가사를 말해 본다.
③ '谢谢你'라고 말하면 어떻게 말하는지 묻는다. / '不用谢'
④ '对不起'라고 말하면 어떻게 대답하는지 묻는다.　　/ '没关系'
⑤ 따라 불러 본다.
⑥ 다같이 불러 본다.

■해 볼 만한 지도법

• 두 파트로 나누어 불러 본다.
• 둘 씩 짝지어서 연습해 본다. 두 사람씩 불러 본다.

1. 재미있는 그림 단어

■고마워, 미안해

- 谢谢 xièxie 고마워
- 不用谢 búyòng xiè 아니야
- 对不起 duì bu qǐ 미안해
- 没关系 méi guānxi 괜찮아

■보충 어휘

- 好久不见　오랜만입니다.
  Hǎojiǔ bú jiàn
- 请慢用吧　많이 드세요.
  Qǐng màn yòng ba.
- 请多多指教　잘 부탁드립니다.
  Qǐng duōduō zhǐjiào.
- 久仰久仰　말씀 많이 들었습니다.
  Jiǔyǎng jiǔyǎng

note

수업을 더 재미있게 만드는 나만의 노하우

 디저트(甜点心)와 교사를 위한 문화 지식

디저트 / 중국에도 발렌타인데이가 있나요?

경사스러운 일에는 중국 사람들은 일반적으로 짝수로 선물하는 것을 좋아합니다. 그래서 결혼식이나 생일날 선물할 때에는 짝수로 합니다. 이와 같은 관습은 결혼이나 생일과 같은 경사스러운 일은 한 번으로 끝날 것이 아니라 계속해서 이어지기를 바라는 마음에서 선물을 할 때 가능하면 짝수로 합니다. 술이나 담배 등을 선물하는 것이 보편적인데 아주 귀한 것은 홀수로도 해도 무방합니다. 이처럼 짝수로 선물하는 중국 사람들의 마음을 '좋은 일은 쌍으로 이루어진다(好事成双 hǎoshì chéngshuāng)'라는 중국어 속담에서 잘 읽을 수 있습니다.

우리나라에서 2월 14일 '발렌타이데이'에 여자 친구가 남자 친구에게 초콜릿을 선물하지요? 이런 풍속은 중국에도 있습니다. 이날은 '칭런지에(情人节 Qíngrén Jié, 연인의 날)'라 해서 함께 식사하면서 상대방에게 초콜릿이나 장미를 선물합니다. 우리나라와 다른 점은 남자가 여자에게 선물한다는 점입니다. 이런 선물은 연인 사이에서만 하는 것으로 인식되어 있기 때문에 일반적인 남녀 친구 사이에서는 하지 않습니다. 마찬가지로 연인 사이가 아니라면 남녀 사이에서 넥타이나 허리띠는 선물하지 않습니다. 이런 선물들은 상대방을 구속한다는 의미가 담겨 있기 때문이지요.

문화지식 / 중국의 명절

중국의 국경일, 명절로는 양력 1월 1·2일의 원단(元旦), 음력 1월 1일의 춘절(春节: 설날), 5월 1일의 노동절(May Day, 劳动节), 10월 1일의 국경절(国庆节 : 중국공산당 창립기념일), 이 있고 특이하게 3월 8일을 부녀절(妇女节)이라 하여 부녀자들에 한해서 하루의 휴식을 갖는다.

중국의 추석은 당일에도 학교, 관공서, 회사들은 정상 근무를 하며 평상시와 다름없다. 그러나 춘절 연휴는 공식적으로는 3일이지만, 일반인들은 직장의 사정에 따라 짧게는 1주일에서 길게는 보름까지도 계속된다. 땅이 워낙 넓다 보니 고향까지 열차로 가는 데에만 2~3일씩 걸리기 때문이다.

第十课　这个大, 那个小 이것은 크고 저것은 작다.

81page

학습 목표
1. 상반되는 의미를 가진 형용사를 말할 수 있다.
2. 간단한 비교를 할 수 있다.

✔ 통님 표현과 단어

중심 표현　　这个○,那个□。　　　　　　주요 단어　　大,小,多,少

✔ Daily Routin

老师　　你们好!
学生　　您好!
老师　　你喜欢汉语吗?　汉语难吗?
学生　　很难,可是很有意思。

Review

1. 코코코 게임을 통해 신체 부위를 한번 더 복습한다.
2. 물건을 주고 받으며 할 수 있는 활동을 한다.
3. 감사의 말과 대답하는 말을 복습한다.

 무는 맛일까 (闻一闻)

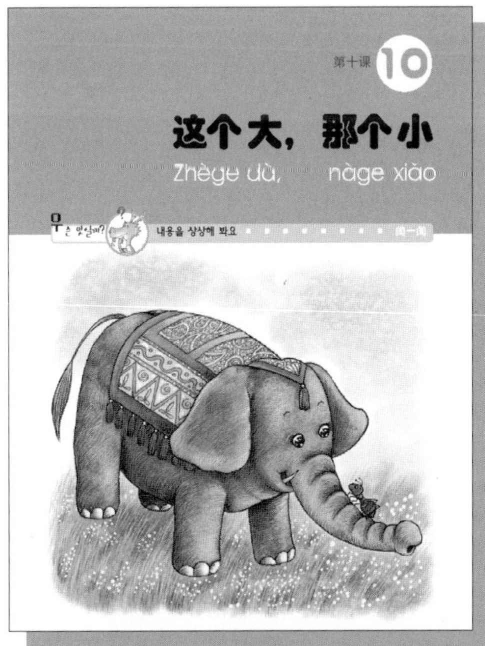

– 교사는 자유롭게 이야기할 수 있는 분위기를 조성하며 수업을 진행한다 –

• 오늘은 무엇을 배워 볼까요? 기대되는 중국어 회화시간~ 먼저 그림을 보겠습니다.
• '猜一猜吧。' 한번 추측해 보세요.
　[학생들이 자유롭게 얘기하도록 격려해 준다]

• 그렇죠! '大象 코끼리'는 '很大', '蚂蚁 개미'는 '很小'하군요. '老师很胖' 선생님은 뚱뚱하고, '你们很瘦' 여러분은 말랐군요.
• 자 배울 내용 감 잡으셨죠? 오늘은 다양한 형용사의 비교 표현을 배워 보도록 하겠습니다. 출발!

맛보기 (尝一尝)

(1) 수업 진행

▶오늘 내용은 너무 간단해요. 한번 볼까요?

– 교재의 그림을 보도록 한다. –

▶'书上有什么人？' 책에 누가 있나요?
　: 小龙, 玲玲

▶'他们做什么？' 그는 무엇을 하고 있나요?
　'他们看苹果, 西瓜, 樱桃' 그는 사과, 수박, 앵두를 보고 있군요.
　'你们看! 苹果多吗？' 여러분 보세요. 사과가 많은가요?　　　/ 대답 : 多, 很多。
　'你们看! 西瓜大吗？' 여러분 보세요. 수박이 큰가요?　　　/ 대답 : 大, 很大。
　'你们看! 樱桃大吗？' 여러분 보세요. 앵두가 큰가요?　　　/ 대답 : 小, 很小。

▶오늘 내용이 벌써 다 끝났군요. 너무 간단한 거 아니예요?
　다시 한번 플래시를 들어 볼까요?

– 녹음을 들려준다 –

(2) 단어와 어법 설명

▶이젠 내용을 살펴보겠습니다.

▶小龙이 과일을 잔뜩 사온 모양입니다. '사과 苹果'를 보고 있네요.

한쪽에는 '十三个', 옆쪽에는 '两个'가 있군요. 이것은 중국어로 '这个', 저것은 '那个'이므로,

이것은 많고, 저것은 적다. 라고 한다면, '这个多, 那个少'겠군요.

'수박 西瓜'이 매우 크군요. '西瓜很大。' '앵두 樱桃'는 아주 작네요. '樱桃很小'。

수박이 小龙에 더 가까운 곳에 있고, '樱桃'가 좀 더 먼 곳에 있으므로, '这个大, 那个小。'입니다.

[这와 那의 차이점 설명 : '这'는 가까운 사물 '那'는 '这'보다 좀 더 먼 사물을 가리킬 때 쓰인다.]

▶그럼 옆의 친구와 대화를 나누어 볼까요? / 참 잘했어요.

▶다시 한번 본문을 플래시로 살펴볼까요?

– 녹음을 들려준다 –

▶이제는 그림만 보고 여러분이 대화를 만들어 보세요.

[유의점 : 발음에 유의할 수 있도록 해 준다. : 小, 少]

note

수업을 더 재미있게 만드는 나만의 노하우

비비기 (拌一拌)

■ 발음 요령

ai ‘a’와 ‘i’를 연이어 발음한다.[아이]
이때, ‘a’가 길고 강하게 발음된다.

ei ‘e’와 ‘i’를 연이어 발음한다. [에이]
이때, ‘e’가 길고 강하게 발음된다.

ao ‘a’a와 ‘o’를 연이어 발음한다. [아오]
이때, ‘a’가 길고 강하게 발음된다.

ou ‘o’와 ‘u’를 연이어 발음한다. [오우]
이때, ‘o’가 길고 강하게 발음된다.

■ 교사를 위한 발음지도 tip

상대적으로 강하고 크게 들리는 모음을 주요 모음이라고 하며, 모음이 여러 개가 이루어져 한 개의 단어를 이룬 경우, 성조 표시는 주요 모음 위에 한다. 그 순서는 다음과 같다.

$$a > e = o > i = u = ü$$

* 단, ‘u’와 ‘i’가 같이 나올 경우에는 무조건 뒤에 표기한다.

* 예를 들어 , ‘笑 xiao(제4성) ’라면 [a > o > i] 이므로 ‘a’위에 성조표시를 한다. (∴ xiào)

■ 참고 단어

ai	来	lái	오다	海	hǎi	바다	买	mǎi 사다
ei	杯	bēi	잔, 컵	黑	hēi	검다	累	lèi 피곤하다
ao	饱	bǎo	배부르다	高	gāo	높다	好	hǎo 좋다
ou	都	dōu	모두	狗	gǒu	개	楼	lóu (큰) 건물

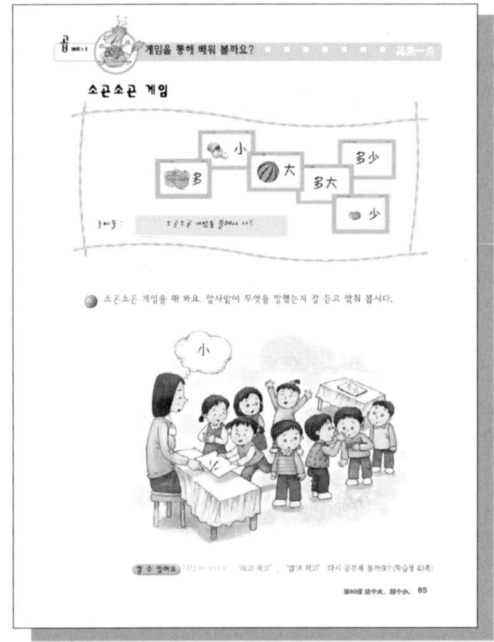

소곤소곤 게임

1. 활동 목표
비슷한 발음을 듣고 발음 정확하게 구분할 수 있다.

2. 준비물
10과용 발음 플래시 카드

2. 활동 방법
① 학생들을 두 팀으로 나눈다.
② 칠판에 플래시카드를 모두 붙여놓는다.
③ 두 팀으로 나눈 학생들은 한 줄로 선다.
④ 교사가 두 팀의 제일 앞에 있는 학생에게 동시에 한 단어를 말하거나 다른 카드를 이용하여 단어를 보여 준다.
⑤ 학생들은 다음 친구에게 귓속말로 전달하고, 제일 뒤의 학생은 달려 나와서 해당 카드를 짚고 정확하게 말하면 점수를 얻는다.
⑥ 아이들의 순서를 바꾸면서 진행하여 다양한 역할을 하도록 하면 더 재미있다.

응용 게임1 / 파리채 게임

1. 준비물
플래시카드(칠판에 붙일 수 있도록 뒷면에 종이자석을 붙이거나 테이프를 붙인다), 파리채 2개

2. 활동 방법
① 학생을 두 팀으로 나눈다.
② 각 팀에서 한 명씩 돌아가면서 나온다.
③ 각 팀에서 나온 학생은 파리채를 들고 칠판 앞에 선다.

④ 칠판에 글자가 쓰여진 카드 두 장을 붙인다.

⑤ 교사가 들려주는 단어를 듣고, 해당하는 단어의 카드를 먼저 파리채로 짚는 팀이 점수를 얻는다.

⑥ 점수를 많이 얻는 팀이 이긴다.

응용 게임2 / 쓰기 게임   ＊ 개인 게임으로도 가능함

■활동 방법

① 팀에서 한 명씩 나와 선다.

② 가위바위보(중국어버전으로)를 하여 이기면 한 획씩 쓸 수 있다.

③ 이때 획의 순서가 틀리면 무효로 간주한다.

④ 가위바위보에서 지면 팀의 다른 인원이 이어받아서 게임에 임한다.

⑤ 글자를 완성하면 팀이 점수를 얻는다.

리듬젓가락 (节奏筷子)

■리듬젓가락 내용 해석

이건 많고, 저건 적어
이건 적고, 저건 많아

이건 크고, 저건 작아
이건 작고, 저건 커.

■ 리듬젓가락 지도하기

① 노래를 들어 본다.

② '大, 小, 多, 少'를 들은 순서대로 말해 본다.

③ 다시 들으면서 '大, 小, 多, 少' 부분을 정확하게 따라 불러 본다.

④ '对不起'라고 말하면 어떻게 대답하는지 물어 본다. /'没关系'

⑤ 다 같이 불러 본다.

■ 해 볼 만한 지도법

• 팀별로 정확하게 불러 본다.

• 大, 小, 多, 少에 해당하는 동작을 만들어서 동작을 하면서 불러 본다.

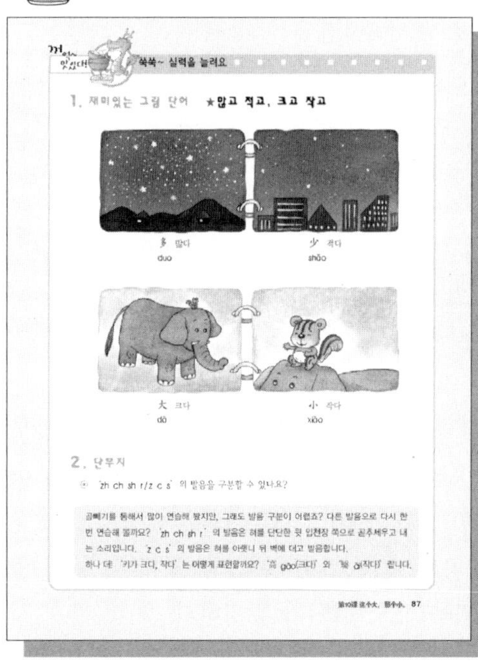

1. 재미있는 그림 단어

■ 많고 적고, 크고 작고

• 多 duō 많다

• 少 shǎo 적다

• 大 dà 크다

• 小 xiǎo 작다

■ 보충 어휘

• 高 gāo 키크다	• 矮 ǎi 작다
• 重 zhòng 무겁다	• 轻 qīng 가볍다
• 粗 cū 두껍다	• 细 xì 얇다
• 阴 yīn 흐리다	• 晴 qíng 맑다
• 新 xīn 새롭다	• 旧 jiù 오래되다

디저트(甜点心)와 교사를 위한 문화 지식

디저트 / 중국까지 비행기를 타고 얼마나 걸릴까요?

'베이징'까지는 대략 2시간 정도 걸립니다. 만약 배를 탄다면 인천항이나 평택항에서 중국으로 가는 배를 탈 수 있습니다. 인천항에서 배를 타고 텐진까지는 27시간 정도, 산동성 '칭따오'까지 18시간이 걸리고 랴오닝성 '따리엔'까지는 15시간 정도가 걸립니다. 또 경기도 평택항에서도 중국으로 가는 배가 있는데 평택항에서 산둥성 영성항까지는 14시간, 일조항까지는 17시간 정도가 소요됩니다.

또한 중국은 우리나라 보다 시차가 1시간 느려서 우리 시간 아침 9시면 중국에서는 아침 8시가 됩니다. 그럼 중국의 수도 베이징에서 여러 도시까지 비행기나 기차로 시간이 얼마나 걸리는지 아래 그림을 통해 알아볼까요.

- 인천에서 베이징까지 :　　비행기 2시간
- 인천에서 텐진까지 :　　　배 27시간
- 북경에서 상하이까지 :　　비행기 1시간, 기차로 14시간
- 북경에서 구이린까지 :　　비행기로 2시간 반, 기차로 22-27시간
- 북경에서 시안까지 :　　　비행기로 2시간 기차로 12-15시간
- 북경에서 옌지(백두산)까지 : 기차로 25시간, 비행기로 2시간 정도

문화 지식 / 중국의 수도 북경 (베이징)

북경(北京)은 중화인민공화국의 수도로 면적은 1만 6,800㎢, 인구는 1,382만 명(2000년 기준)이다. 허베이성[河北省] 중앙부에 자리 잡고 있으며, 중앙정부 직할시(直辖市)이다.

1000년의 역사를 가지는 도시인 만큼 헤아릴 수 없을 정도로 많은 명승·고적이 시내 곳곳에 산재해 있다. 옛날 명(明)·청(淸)나라의 왕궁이었던 자금성(紫禁城)은 현재 박물관이 되어 일반에 공개되고 있는데 '고궁'이라고 부른다. 이 도시의 유명한 관광지로는 만리장성(城長), 천안문광장(天安门广场), 천단공원(天坛公园), 자금성(紫禁城), 용경협(龙庆峡), 이화원(颐和园), 명13릉(明十三陵), 북해공원(北海公园), 옹화궁(雍和宫) 등이 있다. 볼거리로는 경극(京剧), 먹거리로는 북경오리구(北京烤鸭)가 유명하다. 여러 가지 서커스를 감상하며 차와 간식을 먹을 수 있는 라오서 차관(老舍茶馆)도 유명하다.

북경은 고대와 현대가 함께 있는 도시로 오래된 문화를 감상 할 수 있을 뿐 아니라, 우리나라의 서울 명동처럼 현대적 도시의 분위기를 느낄 수 있는 왕푸징(王府井) 거리도 있다. 또한 다민족국가의 특성을 살려 중국내 각 지역 소수민족의 건축양식과 생활방식을 모형으로 만들어 전시하면서 소수민족들의 특산품을 팔기도 하는 중화민족촌도 있다.

第十一课 我去公园 나는 공원에 갑니다.

학습 목표
1. 어디에 가는지 묻고 대답할 수 있다.
2. 여러 가지 장소를 말할 수 있다.

✔ 중심 표현과 단어

중심 표현　你去哪儿？　我去○○。我们一起走吧。

주요 단어　哪儿, 公园, 一起, 走, 吧

✔ Daily Routin

老师	你们好！
学生	您好！
老师	你喜欢汉语吗？ 汉语难吗？
学生	很难，可是很有意思。

Review

1. 학생들이 선물을 주고 받으며, 감사의 인사말을 하도록 한다.
2. 과일 카드를 통해, 과일을 다시 복습하면서 크고 작고, 많고 적고에 대해 복습한다.

무슨 맛일까 (闻一闻)

– 교사는 자유롭게 이야기할 수 있는 분위기를 조성하며 수업을 진행한다 –

• 즐거운 중국어 회화~ 오늘은 무슨 내용을 배워 볼까요?

• 看看图画吧。 그림 좀 보세요. 어떤 그림인가요?

　그렇죠! 아마 길을 잃은 모양이예요. 다행히 길 안내 표지판이 있군요.

• 그렇습니다. 오늘은 어디 가는지 묻고 대답하는 표현을 배워 보려고 해요. 자. 즐겁게 출발해 볼까요?

맛보기 (尝一尝)

(1) 수업 진행

▶먼저 플래시 화면을 볼까요?

– 교재의 그림과 녹음을 함께 들려주거나 플래시 동영상을 보여 준다 –

▶무슨 내용인지 느낌이 오시죠? '书上有什么人? ' 책에 누가 있나요?
　: 东东,佳佳

▶ '他们做什么?' 그들은 무엇을 하고 있나요?
　　① 길을 묻고 대답하고 있어요(问路),
　　② 같이 가자고 하고 있어요.
맞아요. 그럼 자세한 내용을 한 명씩 따라 읽어 가며 살펴볼까요? 그럼 플래시를 통해 대화를 들어 볼까요?

– 녹음을 들려준다 –

▶동동이 뭐라고 했죠? : 你去哪儿?
그럼 쟈쟈는 뭐라고 하는지 들어 볼까요? : 我去公园。
듣기 참 잘하는걸요. 그랬더니 동동이 뭐라고 하는지 들어 볼까요? 좀 기네요.
　: 我也是, 我们一起走吧。 정말 잘하는군요.^^*

88

▶'那么跟老师一起读吧。' 그럼 선생님을 따라 읽어 볼까요?
[학생들이 한 문장씩 따라 읽도록 한다.]

(2) 단어와 어법 설명

▶내용을 살펴보겠습니다.

▶东东이 어딘가를 가고 있는 佳佳를 만나 물어봅니다. '你 너, 去 가다, 哪儿 어디' / "너 어디 가니?" 대답할 때는 '哪儿' 대신 가는 장소만 넣으면 되겠군요. 쟈쟈는 '公园'을 가므로, "我 去公园"이라 대답했군요.
[다른 장소도 알려 준다. (学校 : 학교, 医院 : 병원, 网吧 : 피씨방 등)]

▶'我也去公园。' '나도 역시 공원에 가.' 라는 표현이군요. 이것을 줄여서, '나도 그래'라는 말 을 어떻게 할까요? '我也'일까요?(학생들에게 질문) 아니예요. '我也是。'라고 하는 것이 맞습니다.

▶'우리 我们, 같이一起, 가다 走', 동사 뒤에 '吧'가 쓰이면 '…하자'입니다. 그래서 '우리 같이 가자'는 '我们一起走吧'라고 할 수 있습니다.

(3) 역할놀이

▶이제는 화면만 보고 회화를 연습해 볼까요?
[묵음기능을 사용해서 학생들이 연습하도록 해 준다.]

남학생 A, 여학생 B가 동동과 쟈쟈 역할을 맡아 볼까요?
[학생들이 역할을 마친 뒤에는 반드시 칭찬을 해 준다.]

■유의점 및 응용연습 :

'…하자 ', '…도' 등을 다양하게 연습하도록 한다. (吃吧, 玩儿吧, 坐吧 등)

비비기 (拌一拌)

■ 발음 요령

an	'a'에 콧소리를 붙여, '안'이라고 발음한다.
ang	'a'에 콧소리를 붙여, '앙'이라고 발음한다.
en	'e'에 콧소리를 붙여, '언'이라고 발음한다.
eng	'e'에 콧소리를 붙여, '엉'이라고 발음한다.
er	혀를 연구개(여린입천장) 쪽으로 곧추 세워서 '얼'이라고 발음한다.

■ 교사를 위한 발음지도 tip

'en'의 발음을 '엔'이라 발음하기가 쉬운데, '언'이라 발음함을 강조해 준다.
"'en'이 '언'이라면 'eng'은 당연히 '엉'이겠죠? 일명 물개 발음 '엉! 엉! 엉!'"
이런 식으로 지도하면, 좀 더 쉽게 암기를 유도할 수 있다.

■ 발음지도 응용방법

특히 '교설음(翘舌音 qiàoshéyīn)'은 영어발음의 ' r '의 발음 방법과 유사함을 알려 준다.
기본 성조인 1성으로 기본 발음을 지도한 후, 관련 단어를 읽을 때는 원래 성조대로 읽는다.

■ 참고 단어

an	班	bān	반		饭	fàn	밥		看	kàn	보다
ang	放	fàng	내려놓다	狼	láng	늑대		忙	máng	바쁘다
en	笨	bèn	어리석다	很	hěn	매우		人	rén	사람
eng	冷	lěng	춥다	梦	mèng	꿈		扔	rēng	버리다
er	二	èr	둘, 2	而	ér	그러나		饵	ěr	(물고기) 미끼

곱빼기 (再来一点)

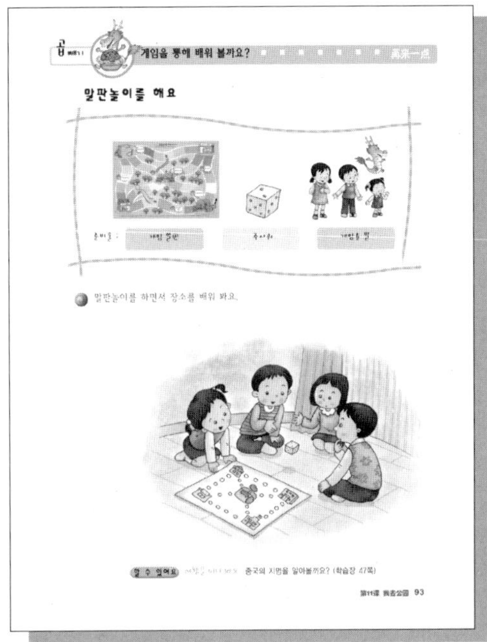

말판놀이를 해요

1. 활동 목표

어디를 가는지 묻고 대답할 수 있다.

2. 준비물

말판 및 주사위(부록을 오려서 사용한다),
말(부록을 오려서 사용한다)

2. 활동 방법

① 두세 사람이 함께 게임을 한다.

② 가위바위보로 순서를 정한다.

③ 두 팀으로 나눈 학생들은 한 줄로 선다.

④ 주사위를 던져 나오는 수만큼 자기의 말을 이동한다.

#방법1 • 말이 멈춘 칸에 써 있는 단어를 읽는다. / "公园"
      • 읽지 못하면 원래 칸으로 돌아간다.

#방법2 • 말이 멈추면, 상대편이 "你去哪儿?" 하고 묻는다. 해당 칸의 단어에 따라 "我去
      公园。" 으로 대답한다.
      • 대답을 못하면 원래 칸으로 돌아간다.

워크북 / 어딜 가니?

■ **활동방법** [평가로 활용할 수 있다.]

워크북 45쪽에 있는 문제를 해결해 본다.
• 동동, 쟈쟈, 링링, 소룡이 어딜 가려고 하는지 알아 본다.

91

- 선을 따라 이동하면 아이들이 가려는 곳이 나온다.
- 아래에 있는 문장을 완성해 보고 읽어 본다.

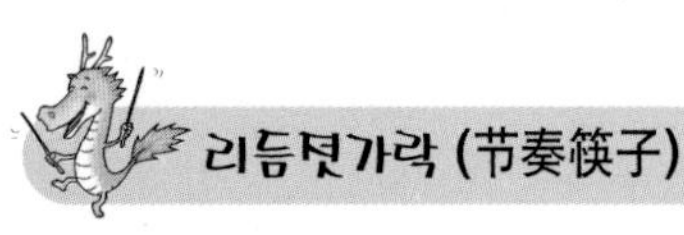

리듬젓가락 (节奏筷子)

■리듬젓가락 내용 해석

너 어디 가니?
나는 공원에 가.

너 어디 가니?
나도 공원에 가.

같이 가자.
좋아! 같이 가자.

■리듬젓가락 지도하기

① 노래를 들어 본다.
② 들어본 적이 있는지 물어 본다.
③ 다시 한 번 들어본다.　　　　　* 교사가 가사에 해당하는 간단한 무용을 해준다.
④ 무슨 내용인지 물어 본다.
⑤ 한 단어씩 따라 말해 본다.　　　* 내용을 같이 설명해주어도 좋다.
⑥ 노래를 들으면서 한 소절씩 따라 불러 본다.
⑦ 팀별로 간단한 무용을 만들어서 같이 해 본다.

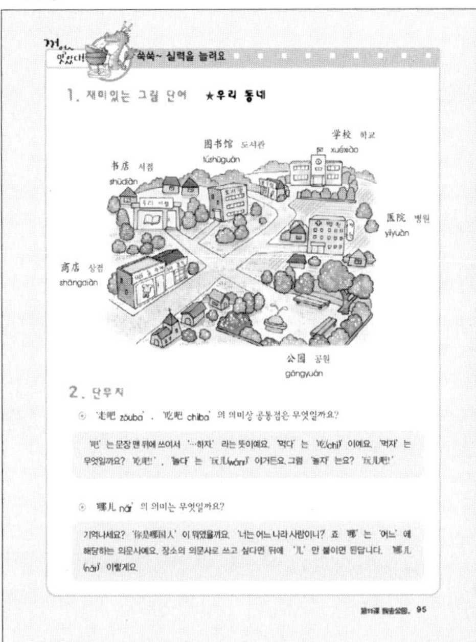

1. 재미있는 그림 단어

■ 우리 동네

- 医院 yīyuàn 병원
- 公园 gōngyuán 공원
- 图书馆 túshūguǎn 도서관
- 学校 xuéxiào 학교
- 商店 shāngdiàn 상점
- 书店 shūdiàn 서점

■ 보충 어휘 / 나라 이름

- 美国 Měiguó 미국
- 中国 Zhōngguó 중국
- 日本 Rìběn 일본
- 英国 Yīngguó 영국
- 法国 Fǎguó 프랑스
- 德国 Déguó 독일

note

수업을 더 재미있게 만드는 나만의 노하우

 ## 디저트(甜点心)와 교사를 위한 문화 지식

▌ 디저트 / 중국의 공원 - 천단공원

중국의 수도 베이징에 가면 유명한 천단공원이 있습니다. 명·청나라 황제들이 매년 제사를 지내고 풍년을 기원하던 곳으로 베이징시 남쪽에 있습니다. 1406년에 지어지기 시작해서 1420년에 완성되었습니다.

천단공원 내에서 가장 유명한 건물은 '기년전'인데 황제가 풍년이 들기를 기원하며 하늘에 제사를 지내던 곳입니다. 삼중 처마로 된 원형궁전이며, 높이는 38m가 됩니다. 천단은 위에서 내려다보면 명확하게 내벽과 외벽 두 부분으로 나뉘어져 있습니다. 북쪽의 벽은 원형으로 되어있고 남쪽의 벽은 사각형으로 되어있는데 원은 하늘을 상징하고 사각은 땅을 상징합니다. 이것은 '하늘은 둥글고 땅은 네모이다.'라고 했던 고대 중국인의 생각을 반영한 것입니다.

천단공원은 베이징 시민들이 즐겨 찾는 곳으로 입구에서부터 아름드리 나무가 우거져 있습니다. 이곳에 가면 중국 사람들이 어떻게 여가시간을 보내는지 잘 볼 수 있습니다. 어떤 사람은 중국 전통 기공무술인 태극권을 하고 어떤 사람은 우리의 '제기차기'와 비슷한 것을 하며 운동을 합니다. 또 어떤 사람은 중국 전통악기인 '얼후'를 연주하며 솜씨를 뽐내기도 하고 오페라와 비슷한 '경극'에서 부르는 노래를 여러 사람 앞에서 자랑하기도 합니다. 그리고 마작을 하거나 카드게임을 하며 여가 시간을 즐기는 사람도 있습니다.

▌ 문화지식 / 천단공원

명·청나라 황제들이 매년 제사를 지내고 풍년을 기원하던 이곳은 , 북경시 남쪽에 위치해 있으며, 전체 면적은 270㎡이고 명나라 영락(永乐) 4년(1406)에 지어지기 시작해서 영락 18년(1420)년에 완성되었다. 천단은 위에서 내려다보면 명확하게 내벽과 외벽 두 부분으로 나뉘어져 있다. 북쪽의 벽은 원형으로 되어있고 남쪽의 벽은 사각형으로 되어있는데 원형은 하늘을 상징하고 사각형은 땅을 상징한다. 이것은 중국 고대의 '하늘은 둥글고 땅은 네모이다 (천원지방 天圆地方)'라고 했던 중국인의 생각을 반영한 것이다.

천단공원 내에서 가장 중심이 되는 건축물은 기년전(祈年殿 qíniándiàn)인데, 황제가 풍년이 들기를 기원하며 하늘에 제사를 지내는 곳으로 삼중 처마로 된 원형궁전이며, 높이는 38m가 된다. 이곳 천단공원은 사람들이 즐겨 찾는 곳으로 입구에서부터 아름드리 나무가 우거져 있고 잘 정돈되어 있어 많은 사람들이 이곳에서 운동을 하거나 중국 전통악기인 얼후(二胡 èrhú)를 연주하며 솜씨를 뽐내기도 하고 도박의 일종인 마작도 하며 여가 시간을 즐긴다.

第十二课　　请坐！　앉으세요.

97page

학습 목표
1. 권유하는 또 다른 표현을 익힐 수 있다 (请……)
2. 고마워하는 표현과 사양하는 또 다른 표현을 말할 수 있다.

✓ 중심 표현과 단어

중심 표현　　请…○○。
주요 단어　　奶奶, 坐

✓ Daily Routin

老师	你们好！
学生	您好！
老师	你喜欢汉语吗？　汉语难吗？
学生	很难,可是很有意思。

Review

1. '너 어디 가니? 나 ○○가.'를 회화로 연습한다.
2. 과일 카드를 통해, 과일을 다시 복습하면서 크고 작고, 많고 적고에 대해 복습한다.

 무슨 맛일까 (闻一闻)

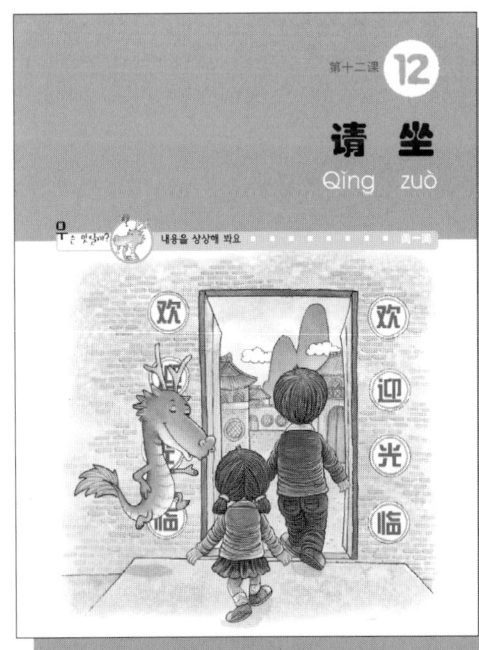

– 교사는 자유롭게 이야기할 수 있는 분위기를 조성하며 수업을 진행한다 –

• 와! 오늘은 샤오롱이 중국으로 초대하는 날인가 봐요.
• 우리한테 뭐라고 얘기할까요? 그렇죠! '어서 오세요. 환영합니다.(欢迎欢迎)'라고 했겠네요.
• 또 문을 열어 주면서 뭐라고 했을까요? 그렇죠! '들어오세요. (请进)'이라고 했겠네요.
• 즐거운 중국어 회화시간, 오늘은 부탁할 때 어떻게 하는지 배워 보도록 하겠습니다.

*欢迎光临 huānyíng guānglín 어서 오십시오

맛보기 (尝一尝)

(1) 수업 진행

– 교재의 그림과 녹음을 함께 들려주거나 플래시 동영상을 보여 준다 –

▶교재 그림을 볼까요? '书上有什么人？' 책에 누가 있나요?
　: 东东, 一位奶奶

▶동동이 정말 착하죠? '让坐' 자리를 양보하고 있어요. 할머니가 고마워하시는군요.
　우리 다시 한번 들어 볼까요?

– 녹음을 들려준다 –

▶자! 이 단어가 무슨 뜻일지 추측해 보세요.
　교사가 교탁 위의 컵을 들고 한 학생에게 권하며 '请喝' / 교사가 문을 열어주며 '请进' / 교사가 과자를 학생에게 주며 '请吃'
　학생들 : 무언가를 부탁하고 있어요!!
　맞아요. 그럼 공통적으로 어떤말이 들어갔나요? 그렇죠! '请'을 사용했군요. [请 + 동사]하면 '…해주세요'라는 부탁의 의미를 가지고 있어요. 그럼 '앉다'는 '坐'거든요. '앉으세요'는 뭘까요? 그렇죠. '请坐'가 되죠.

▶'你们听到什么内容？ 说一说吧。' 어떤 내용을 들었나요? 얘기해 보세요.

✻ 학생들의 대답을 집중하여 듣는다.

'很好。' 참 잘했어요. 내용이 간단하니까 귀에 쏙쏙 잘 들어오죠?

(2) 단어와 어법설명

▶ 내용을 살펴보겠습니다.

▶ 여러분 '감사합니다'가 뭐였죠? 그렇죠. '谢谢,谢谢你'다 되죠. 상대방이 고맙다고 했는데 가만히 있기도 어색하죠? 뭐라고 대답해 주면 될까요? '不客气'입니다. 또 이렇게도 얘기할 수 있습니다. '不用谢.' '用'은 이용하다, '쓸모있다'의 뜻이거든요. 즉, '감사할 필요 없습니다'의 뜻이 되겠군요. 참! 호칭도 다시 한번 살펴볼까요?
: 爸爸, 妈妈, 姐姐, 妹妹, 哥哥, 弟弟, 爷爷(할아버지), 奶奶(할머니)

▶ 이제 완벽하게 이해되셨죠? 다시한번 플래시를 살펴볼까요? 한 문장씩 따라 읽어 볼까요?

(3) 역할 놀이

▶ 1분단은 할머니 역할, 2분단은 동동이를 맡아보세요

비비기 (拌一拌)

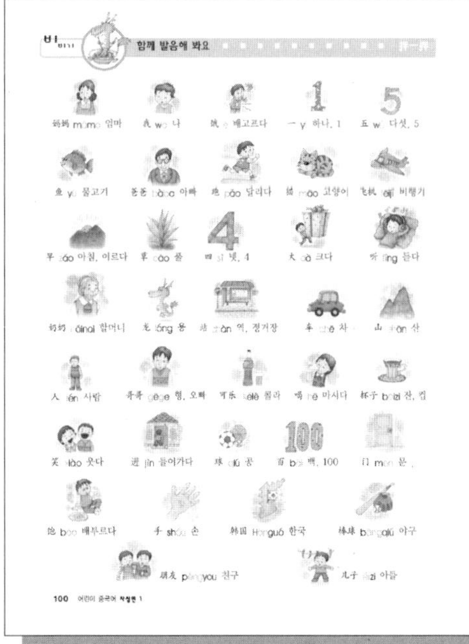

■ 교사를 위한 발음지도 tip

앞서 비비기에 나온 주요 어휘들을 복습하면서 발음 연습을 해 본다.

곱빼기 (再来一点)

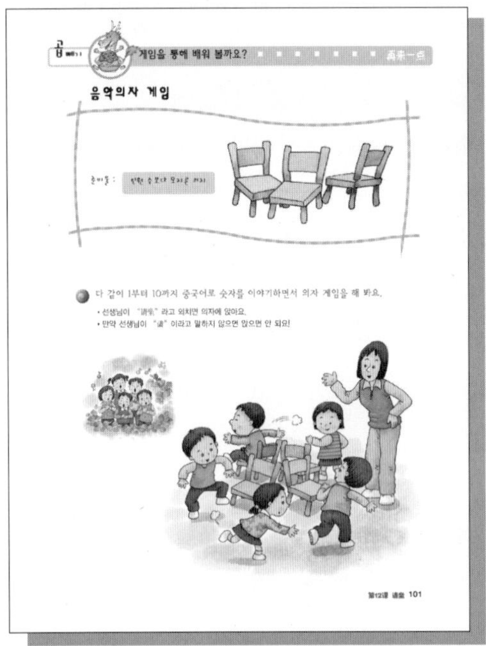

음악 의자 게임

1. 활동 목표
단어 '请'을 활용해 부탁의 표현을 할 수 있다.

2. 준비물
게임 참가 인원보다 하나 적은 수의 의자를 준비한다.

2. 활동 방법
① 인원 수보다 한 개 적게 의자를 준비하고, 모든 학생이 의자 주위에 둘러선다.

② 한 방향으로 노래를 부르면서 돈다. [그동안 배운 리듬젓가락 노래들을 활용한다.]

③ 교사가 "请坐!"라고 외치면 자리에 앉는다. 이 때 자리에 앉지 못한 학생은 탈락한다.

④ 만약 교사가 "请"을 붙이지 않고, "坐"라고 말했는데, 자리에 앉은 학생은 탈락한다.

⑤ 의자 수를 계속 인원보다 한 개 적은 상태로 유지하면서 게임을 진행하여 끝까지 남는 사람이 승자가 된다.

⑥ 적당한 인원 수에서 끝낸 후 모두에게 보상을 해도 좋다.

워크북 / 비밀코드

■ 활동 방법 [평가로 활용할 수 있음]

워크북 50쪽의 비밀코드를 풀어 본다.

- 비밀코드표를 보고 암호를 푼다.
- 찾은 병음을 읽고, 해당하는 단어를 써 본다.
- 활동이 쉽게 끝날 경우, 아이들에게 직접 암호를 만들어 보도록 한다.
- 서로 만든 암호를 교환하여 암호를 푸는 활동을 진행할 수 있다.
- 문장을 완성한 다음 읽어 본다.

리듬 젓가락 (节奏筷子)

■리듬젓가락 지도하기

① 노래를 들어 본다.
② 한 소절씩 따라 불러 본다.
③ 다같이 불러 본다.
④ 처음부터 끝까지 같이 불러 본다.

■해 볼 만한 지도법

모둠별, 개인별 노래 외워 부르기를 통해 병음 익히기 평가로 활용할 수 있다.

꺼억~ 맛있다

1. 재미있는 그림 단어

■…하세요.

- 请进 qǐng jìn 들어오세요
- 请坐 qǐng zuò 앉으세요

■보충 어휘

- 请喝 qǐng hē 마시세요
- 请吃 qǐng chī 드세요

디저트(甜点心)와 교사를 위한 문화 디닉

▌디저트 / 중국인의 장수 비법은 무엇일까요?

중국의 아침은 공원에서 시작됩니다. 많은 시민들이 아침 일찍 일어나 삼삼오오 모여 공원을 산책하거나 태극권을 연마하거나 기공수련 등 무술수련을 산책과 조깅 등을 통해 건강을 다집니다. 우리나라에 태권도가 있다면 중국에는 태극권이 있습니다. 태극권은 국민체조로 널리 보급되어 기체조와 함께 발전해 왔습니다. 태극권은 이미 우리나라뿐만 아니라 선진국에 널리 보급되었고 끊임없이 이어지는 고요한 동작 속에 호흡과 기운이 인체의 12경락을 따라 순행하는 기공 훈련입니다. 이러한 태극권은 이미 임상 실험을 통해 건강 장수에 효과가 크다는 점이 입증되고 있습니다.

이밖에 중국인들이 즐겨 마시는 차에도 장수 비결이 있습니다. 중국 사람들은 차를 우리가 물마시듯 많이 마시는데 기름기가 많은 중국 음식과는 잘 맞습니다. 우리나라의 '동의보감'에도 '차의 효능에 대해 기록되어 있습니다.

중국인의 건강을 지켜주는 또 하나는 바로 자전거 문화입니다. 자전거는 서민의 발이고 생활의 동반자이기에 중국인의 건강을 지켜주는 중요한 수단이라고 할 수 있습니다. 출퇴근 시간에 거대한 자전거 물결을 쉽게 볼 수 있습니다. 특히 북경을 비롯한 주요 도시들이 주로 언덕이 없는 평지로 되어 있어 자전거 타기에는 아주 좋습니다.

중국인의 만만디(천천히) 성격 또한 건강과 연관되어 있다고 합니다. 서둘지 않고 천천히 스트레스 받지 않고 신중히 매사에 임하는 중국인의 사고방식과 문화는 마치 거대한 황하의 물줄기가 도도히 흘러가는 것 과 같습니다.

여러분도 이참에 중국어와 함께 태극권을 배워보시면 어떨까요.

▌문화 지식 / 중국과 차

중국인과 차(茶)는 떼 놓을 수 없는 관계이다. 중국을 여행하다 보면 운전기사가 차병을 준비해서 가지고 다니며 수시로 마시는 장면을 쉽게 볼 수 있다. 학교에서는 선생님이 교실에 들어가면서 준비해온 차를 마시며 강의를 한다. 호텔이나 열차 안에서도 항상 차를 마실 수 있도록 끓인 물이 준비되어 있다. 중국 사람들은 추운 겨울 뿐 아니라, 30도가 넘는 여름에도 계절에 관계없이 늘 더운 차를 마신다. 어디서든지 차를 마실 수 있도록 차병 혹은 빈 병을 들고 다니는 것은 흔한 일이다. 식당을 들어가도 호텔을 들어가도 기본적으로 차가 제공된다. 이미 4000년의 역사를 가지고 있는 중국의 차 문화에서 중국인의 삶에 대한 여유와 정서를 알 수 있다.

차는 살균, 해독, 병치료의 기능이 있고 소화와 배뇨기능을 활성화 시키는 데 도움을 준다고 한다. 차는 중국의 물이 석회질이 많아 좋지 않은 관계로 물속의 불순물이나 독성을 제거하는 역할을 하기도 한다. 특히 기름기가 많은 느끼한 중국음식을 먹을 때 차를 함께 마시는 경우가 많다. 중국의 차의 종류는 수천 가지가 넘는다. 차의 이름은 차를 채취하는 시기나 방법·색깔·형태·지명 등에 따라 제각기 다르다. 이를테면 사전차는 경칩 전에, 우전차는 곡우 전에, 명전차는 청명 전에 채취하는 차를 말하며, 홍차·녹차·백차는 색깔로 구분한 이름이다. 이 외에 차의 맛은 토질과 기후의 영향을 받기 때문에 차의 이름에 지명을 딴 것들도 많다.

중국의 차 종류에는 발효 정도에 따라 녹차(绿茶), 백차(白茶), 황차(黄茶), 오룡차(乌龙茶), 홍차(红茶), 흑차(黑茶), 화차(花茶)로 나눌 수 있다.

녹차는 발효시키지 않은 차로 용정차(龙井茶)가 유명하고, 우롱차는 발효하되 완전 발효하지 않은 차로 철관음(铁观音)이 유명하며, 홍차는 찻잎을 발효한 것으로 기문홍차(祁门红茶)가 유명하고, 화차는 생화를 가지고 찻잎을 훈제한 것으로 북방 지역에서 즐겨 마시는 모리화차(茉莉花茶)가 유명하다.

1. 집필진

로우 시우롱(娄秀荣)

중국 동북사범대학 중국어과 졸업
심양사범대학 중국현당대문학 석사
경기도 외국어교육연수원 초빙교수
(現) 심양사범대학 국제교육학원 부교수

나민구

한국외국어대학교 중국어과 졸업
프랑스 파리제7대학 동양언어문화대학원 석사
프랑스 사회과학고등대학원(EHESS) 중국언어학 박사
(現) 수원대학교 중국어학과 교수

이종민

공주사범대학교 중국어교육과 졸업
경기도 중등중국어교육연구회 초대, 2대 회장 역임
(前) 효원고, 평택고, 안일여자종합고 중국어 교사
(現) 경기도 외국어교육연수원 교육연구사

김인용

고려대학교 중어중문학과 졸업
분당 수내고, 늘푸른고등학교 근무
(現) 수원외국어고등학교 중국어 교사

나여훈

서울교육대학교 미술교육과, 국제사회문화연구과 졸업
서울 사당초등학교 근무
(現) 서울 남성초등학교 교사
(現) 한국초등중국어교육연구회 회장

2. 연구진

박정기

연세대학교 교육대학원 영어교육과 졸업, 교육학 석사
Western Kentucky University 대학원 졸업, MA in Tesol
명지대학교 대학원 영어영문학과 졸업, 영문학 박사
경기도 외국어교육연수원 연구사
(現) 경기도 교육청 학교정책과 장학사

김성철

한국외국어대학교 중국어과 졸업
한국외국어대학교 교육대학원 중국어교육과 졸업, 교육학 석사
경기도 중등중국어교육연구회 회장
(前) 한인고, 원종고 중국어 교사
(現) 경기도 외국어교육연수원 중국어 교사 연수담당

임덕환

(주) 미디아트 편집실 근무
EBS '인물 한국사' 편집
재능교육 홍보영화 제작
(現) 경기도 외국어교육연수원 온라인 교육팀 팀장

저자 소개

1. 집필진

로우 시우롱   심양사범대학 국제교육학원 부교수
나민구   수원대학교 중국어학과 교수
이종민   경기도 외국어교육연수원 교육연구사
김인용   수원외국어고등학교 중국어 교사
나여훈   서울 남성초등학교 교사

2. 연구진

박정기   경기도 교육청 학교정책과 장학사
김성철   경기도 외국어교육연수원 중국어 교사 연수담당
임덕환   경기도 외국어교육연수원 온라인 교육팀 팀장

어린이 중국어 자장면 ① [교사용 지도서]

초판 1쇄 인쇄 2007 년 9 월 10 일
초판 1쇄 발행 2007 년 9 월 15 일

지은이   로우 시우롱, 나민구, 이종민, 김인용, 나여훈
펴낸이   박해성

펴낸곳   정진출판사 jeongjinpub.co.kr

136-130 서울시 성북구 하월곡동 10-6(화랑로123-9)
전화 (02) 917-9900   팩스 (02) 917-9907
이메일 jj1461@chol.com

출판등록   1989. 12. 20. 제6-95호
Copyright ⓒ 2007 정진출판사

ISBN   978-89-5700-074-8   63720

정가   6,000 원